Gabi Biergans/Astrid Keuck

Filzen

Neue Ideen für das textile Gestalten

Grundschule

Mit Kopiervorlagen

Persen Verlag GmbH

Gedruckt auf umweltbewusst gefertigtem, chlorfrei gebleichtem
und alterungsbeständigem Papier

1. Auflage. 2005

Illustrationen: Julia Flasche
Satz: Fotosatz H. Buck, Kumhausen
Druck und Bindung: Ludwig Auer GmbH, Donauwörth
ISBN 3-8344-**3659**-3

Inhalt

Filzen in der Schule

„Viel zu aufwendig, viel zu viel Material und das Erlernen der Technik für mich selbst und für meine Schüler viel zu kompliziert ...", so denkt man vielleicht zunächst. Trotzdem bleibt die Faszination, die von einem gefilzten Objekt ausgeht.

Einmal ausprobiert und im Unterricht eingesetzt, werden die genannten Vorurteile schnell revidiert. Das Material ist schnell besorgt, die Technik auch für einen Anfänger schnell zu erlernen und vor allem zu vermitteln. Der anschließende Erfolg zeigt, wie gut es war, sich in fremde Gefilde zu wagen!

Filzen, eine SINN-volle Sache

Mit diesem Buch wollen wir Pädagogen eine Anleitung an die Hand geben, wie die Technik „Filzen" den eigenen Unterricht „SINN-voll" bereichern kann. Eine übersichtliche und systematische Einführung in die Technik ermöglicht es, das Filzen selbst problemlos zu erlernen. Die anschließenden Projektbeschreibungen und Arbeitspläne helfen bei der Umsetzung im Unterricht.

Die Technik Filzen bietet einen Unterrichtsinhalt, der es ermöglicht, **Schüler differenziert und individuell zu fördern**. Dabei spielt der Lern- und Entwicklungsstand des einzelnen Kindes keine Rolle. Die Technik kann in allen Altersstufen angeboten, klassenübergreifend vermittelt und sowohl in der Regelschule als auch im sonderpädagogischen Bereich eingesetzt werden. Das Filzen ist zudem ein sehr sinnliches Erlebnis. Der Geruch des Materials (Wolle, Seife und heißes Wasser) regt die olfaktorische Wahrnehmung in besonderem Maße an. Die Haut, insbesondere die Hände, erleben intensive, unterschiedliche Reize. Der ganze Körper arbeitet in einem rhythmisierten Einklang.

Im **Fach Textiles Gestalten** kann dem Filzen gerade in den ersten vier Schuljahren eine besondere Bedeutung zugewiesen werden. Viele Bereiche der **Richtlinien** werden durch das Arbeiten mit Wolle und Lauge abgedeckt.

Die Schüler sammeln durch das Erlernen dieser speziellen Technik **erste handwerkliche Grunderfahrungen**. Dabei haben sie einen intensiven Kontakt mit dem Material Wolle. Sie lernen Eigenschaften der Wolle, Verarbeitungsmöglichkeiten und die Möglichkeit zur Flächengestaltung kennen. Die Technik Filzen bietet neben der Maschenbildung eine weitere **Möglichkeit des flächigen und plastischen Gestaltens**, wobei ein Fadensystem durch das Zusammenpressen von Fasern entsteht.

Bei der Auswahl der einzelnen Projekte wurde die Möglichkeit zur Gestaltung einer textilen Fläche, einer textilen Hülle sowie eines dreidimensionalen textilen Objektes berücksichtigt. Dabei wird den Schülern viel **Raum zum fantasievollen Experimentieren mit Technik und Material** eingeräumt.

Neben dem Erlernen der Technik und dem Umgang mit dem Material werden die Schüler angeleitet, zunehmend selbstständiger Arbeitsabläufe zu organisieren und zu planen. Die einzelnen Unterrichtseinheiten helfen den Schülern, Arbeitshaltungen wie **Sorgfalt und Ausdauer zu entwickeln**. Die Arbeit in unterschiedlichen Sozialformen (Einzel-, Partner-, Gruppenarbeit) wird gefördert.

Filzen, eine ganzheitliche Sache

Neben den richtlinienbezogenen Fördermöglichkeiten im Fach Textiles Gestalten deckt die Technik des Filzens folgende Förderbereiche in besonderem Maße ab: Motorik, Wahrnehmung, Soziabilität, Lern- und Arbeitsverhalten, Emotionalität.

Förderung der Motorik

Beim Filzen arbeitet der ganze Körper. Jeder Muskel, besonders im Bereich des Oberkörpers und der Arme, wird dabei eingesetzt. Eine Förderung der Handmotorik ergibt sich wie von selbst. Verschiedene Handfunktionen (fein- und grobmotorisch) werden herausgefordert und die Kraftdosierung und Beweglichkeit der Hand trainiert und gefördert.

Während des Filzprozesses erleben die Schüler eine enorme Eigenaktivität. Ihr ganzer Körper ist in Bewegung. Sie bewirken etwas, verändern selbstständig.

Antriebsarme Schüler werden zum Weiterarbeiten anregt, ihre Neugier und ihr Explorationsverhalten verstärkt. Sie sind neugierig auf den jeweils neuen Arbeitsschritt und die Metamorphose ihres Filzproduktes.

Alte Bewegungsmuster werden aufgebrochen, ein Bewegungsrhythmus entsteht, der bei vielen Schülern (insbesondere bei Schülern mit spastischen Mustern) zu deutlichen Entkrampfungen führt. Der gesamte Körper entspannt.

Die Schüler können beim Filzen auf ganz unterschiedliche Art und Weise motorisch tätig werden. Mit dem Rollstuhl rollend, auf allen vieren krabbelnd, mit den Füßen stampfend ... Erlaubt ist, was gefällt.

Förderung der Wahrnehmung

Beim Filzen wird den Schülern eine Fülle von Wahrnehmungsmöglichkeiten geboten. Dabei spielen die taktil-haptischen Erfahrungen über die Haut die bedeutsamste Rolle.

Für viele Schüler mit taktiler Abwehr ist das Filzen eine besondere Herausforderung. Die Oberflächensensibilität wird auf direktem Wege über einen längeren Zeitraum angesprochen. Nach unserer Erfahrung überwinden Schüler während der Arbeit unangenehme Berührungsempfindungen und lassen sich auf neue taktile Erfahrungen ein.

Die Selbstwahrnehmung und eigene Erlebnisfähigkeit werden durch die Ruhe und Stille, die beim Filzen entsteht, deutlich gesteigert. Dies äußert sich besonders eindrucksvoll bei Schülern mit ADS (Aufmerksamkeitsdefizitsyndrom), die während des Filzprozesses eine enorme innere Ruhe und Ausdauer entwickeln.

Ein weiterer Wahrnehmungsbereich ist der olfaktorische Bereich. Viele Schüler reagieren sensibel auf die unterschiedlichen Gerüche, die beim Filzen entstehen: der Geruch der heißen (Oliven-) Seifenlauge, der Eigengeruch der Wolle, der charakteristische „Filzgeruch“, der während des Arbeitsprozesses entsteht.

Förderung der Soziabilität

Filzen findet häufig in einer Gruppe statt. Selten filzt man allein. Ein großer Tisch, an dem alle gemeinsam (teilweise an unterschiedlichen Arbeiten) schöpferisch tätig sind, fördert die Gruppendynamik. Schüler müssen die Gruppe aushalten, mit ihr arbeiten, sich auf andere einlassen. Sie müssen auf einem relativ engen Raum mit anderen Schülern kooperieren, Geräte austauschen, sich gegenseitig helfen, die entstandenen Werkstücke kritisch bewerten.

Förderung des Lern- und Arbeitsverhaltens

Die Technik Filzen ist eine sehr einfache, mit wenigen Hilfsmitteln durchführbare Technik.

Die einzelnen Arbeitsschritte bauen logisch aufeinander auf und verändern sich im Herstellungsprozess verschiedener Produkte kaum. Die Schüler, gleich welchen Alters, sind erstaunlich schnell in der Lage, den Arbeitsprozess selbstständig und eigenverantwortlich durchzuführen, was sich wiederum positiv auf die Motivation und Atmosphäre des Unterrichts auswirkt. Der Unterricht gestaltet sich für Schüler und Lehrer sehr angenehm und stressfrei.

Die Motivation sowie Ausdauer und Konzentration der Schüler sind beim Filzen laut unserer Erfahrung durchgängig hoch. Jeder arbeitet intensiv an seiner Arbeit und hat ein persönliches Interesse, seine Arbeit in einem angemessenen Tempo auszuführen.

Wir haben beobachtet, dass die Kreativität beim Entwickeln von Kompensationsstrategien sehr groß ist. Eigene Ideen entstehen, werden umgesetzt, individuell angepasst und somit optimal genutzt. Dadurch wird die Frustrationstoleranz der Schüler deutlich erhöht.

Gefilzte Objekte sind niemals „falsch“. Fehler in der Verarbeitungstechnik wirken interessant und sehen sehr kreativ aus.

Förderung der Emotionalität

Das Selbstkonzept der Schüler wird beim Filzen deutlich beeinflusst: „Ich verändere etwas.“, „Meine Hände bewirken etwas.“, „Ich kann etwas Brauchbares herstellen.“

Allen Schülern liegt in relativ kurzer Zeit ein brauchbares und befriedigendes Ergebnis vor.

Das eigene „Selbst“ erhält eine neue Wertschätzung. Die Schüler sind mit Stolz erfüllt und präsentieren ihre Arbeitsergebnisse selbstbewusst.

Filzen, ein Fazit

Die beschriebenen Erfahrungen stammen aus unserer Arbeit mit vielen und sehr unterschiedlichen Schülern. Die Möglichkeiten, jeden Schüler gemäß seinen individuellen Fähigkeiten zu fördern, sind nach unserer Meinung im Bereich des Filzens besonders breit gefächert. Das Filzen kann also auch Ihren Unterricht bereichern und Ihre persönliche Arbeit unterstützen.

Wir wünschen Ihnen viel Spaß beim eigenen schöpferischen Tun und der Umsetzung in ihrer Klasse.

Es wird mit Sicherheit ein Erfolg!

Die Technik des Filzens

Basics: Wasser, Wärme, Druck

Filz ist ein textiles Flächengebilde, dessen Struktur durch die naturgegebenen Eigenschaften der Verfilzung von Schafwolle und verschiedenen tierischen Haaren unter Einwirkung von Druck und feuchter Wärme entsteht.

Daher benötigt man zum Filzen neben Wolle („tierische Haare") grundsätzlich nur drei Dinge: Wasser, Hitze („feuchte Wärme") und möglichst gleichmäßige Bewegung („Druck").

Das Einhalten einer bestimmten Technik und einige weitere Materialien und Hilfsmittel, die im Folgenden erläutert werden, unterstützen den Filzprozess.

Filzen – Theorie

Bevor die Rohwolle dem Filzprozess unterzogen werden kann, muss sie gezupft und in einer bestimmten Art und Weise ausgelegt werden. Diese vorbereitenden Arbeiten müssen sorgfältig ausgeführt werden. Besonders muss auf Löcher geachtet werden, die durch unregelmäßiges Verteilen der gezupften Wolle entstehen.

Die Wolle wird in kleine „Platten" gezupft und wie Dachziegel übereinander gelegt (Abb. 1), damit sich die Wollfasern beim späteren Filzprozess besser miteinander verhaken.

Beim Filzen werden die Wollfasern mit sehr warmer Seifenlauge begossen und durch Bewegungen der Hände (Reibetechnik) oder Einrollen in eine Matte (Rolltechnik) ineinander verhakt bzw. verfilzt und es entsteht eine feste Filzfläche.

Weshalb funktioniert das?

Die einzelne Wollfaser wird von Epidermisschuppen dachziegelartig umringt (Abb. 2). Diese Schuppen sind in Richtung der Faserspitze ausgerichtet. Wenn nun die Wollfasern durch die Bearbeitung bewegt werden, verwickeln und verhaken sie sich und lassen sich nicht mehr los.

Wird die Wolle bei diesem Prozess nass, so werden die Epidermisschuppen von der Faser abgespreizt (Abb. 3) und ein Verhaken ist einfacher (Abb. 4). Zuviel Wasser jedoch verhindert den Filzprozess, da die Fasern dann eher nebeneinander schwimmen.

Durch Wärme wird dieser Filzprozess noch beschleunigt. Das bedeutet, man arbeitet am besten mit Lauge, die eine möglichst hohe Temperatur hat. Natürlich darf die Temperatur nicht so hoch sein, dass eine Verbrennungsgefahr besteht.

Gibt man zur Feuchtigkeit und Wärme noch ein alkalisches Medium (Seife) spreizen sich die Epidermiszellen noch besser ab. Durch die Seifenlauge gleiten die Hände aber auch einfacher über den Filz und können diesen besser bearbeiten. Zuviel Seife allerdings kann das Verfilzen auch verhindern.

Um den Filzprozess zu beschleunigen, können außer Seife auch Chemikalien eingesetzt werden. Darauf wird aber in der Schule aus Sicherheitsgründen grundsätzlich verzichtet.

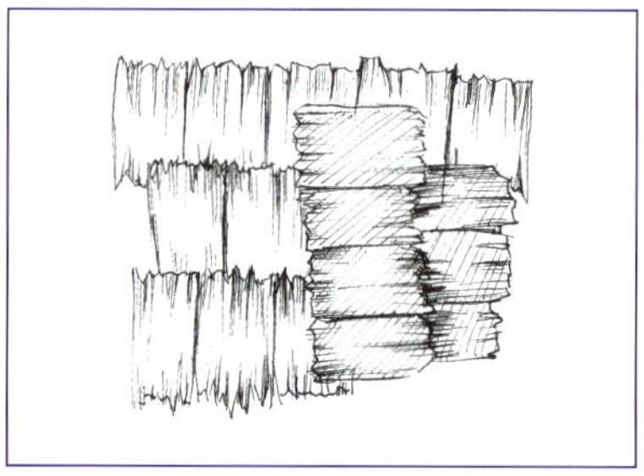

Abb. 1
Wollbüschel, dachschindelartig und kreuzweise ausgelegt

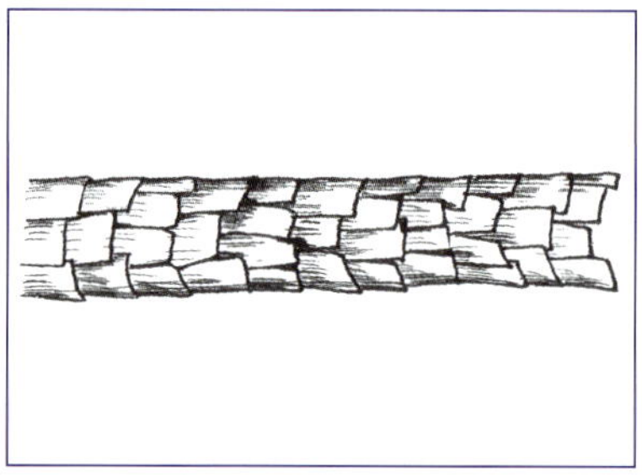

Abb. 2:
Wollfaser mit glatten Epidermisschuppen

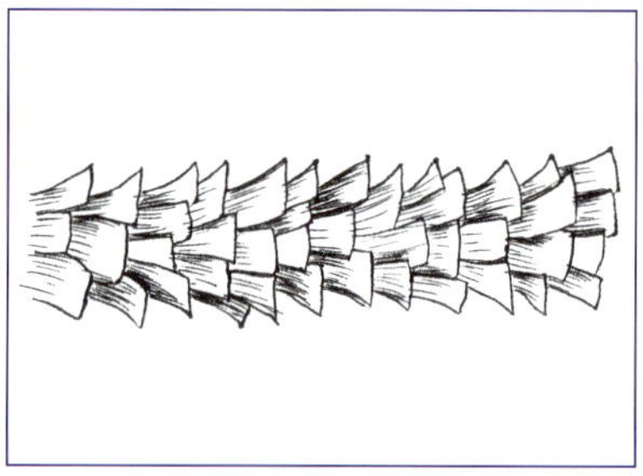

Abb. 3:
Wollfaser mit abgespreizten Epidermisschuppen

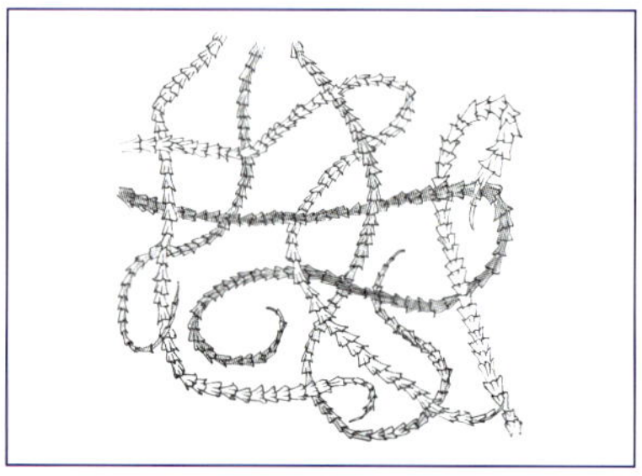

Abb. 4:
Wollfasern mit sich verhakenden Epidermisschuppen

Filzen – Praxis

Der Filzprozess

Der gesamte Filzprozess kann in zwei Phasen eingeteilt werden: *Filzen* und *Walken.*

Beim *Filzen* werden die Wollfasern vorsichtig und behutsam durch leichte Bewegungen der Hände verhakt und zu einer geschlossenen Fläche verbunden.

Beim *Walken* wird diese verbundene Fläche weiterverarbeitet, um eine größere Dichte und Festigkeit zu erzielen. Der Filz wird dabei mit Druck, Kraft und Ausdauer so lange bearbeitet, bis die Fasern sich verdichtet haben und der Filz fertig ist.

Achtung: Durch die Verdichtung der Wollfasern schrumpft der Filz. Dies bedeutet, dass das Werkstück immer kleiner ist, als wir es vorher ausgelegt haben. Als groben Richtwert kann man das Schrumpfen der Wolle um ca. 30 % annehmen und vorher entsprechend einplanen.

Die Grundtechniken

Es gibt prinzipiell drei verschiedene Grundtechniken zur Herstellung einer Fläche, einer Schnur oder einer Kugel. Mit Hilfe dieser drei Techniken lassen sich sämtliche Filzprodukte herstellen.

Die Techniken werden anhand von Fotokarten ab Seite 18 und anhand von Arbeitsplänen ab Seite 29 detailliert dargestellt. Eine Erarbeitung der Grundtechniken mit diesen Medien eignet sich für einen Einstieg in das Thema Filzen.

Das Filzprodukt

Das fertige Filzprodukt besitzt eine Vielzahl von Eigenschaften:

Elastizität
- sehr dehnbar und ruckelastisch
- knittert nicht

Isolationskraft
- isoliert gegen Hitze und Kälte
- dämpft Schwingungen
- absorbiert Schall
- speichert Wärme
- ist äußerst schmutzabweisend
- schützt vor mechanischer Abnutzung

Saugfähigkeit
- nimmt Flüssigkeiten auf und speichert sie
- gibt Flüssigkeiten wieder ab

Schwere Entflammbarkeit
- selbst bei direkter Einwirkung von Feuer verkohlt Filz lediglich

Filzen – Tipps und Tricks

• Löcher im Filz

Wahrscheinlich wurde beim Anfilzen zu schnell und schwungvoll gearbeitet. Das Loch und die Fläche um das Loch herum sollte mit neuen Wollflocken belegt werden. Diese werden dann ganz behutsam angefilzt.

• Filzen in der Waschmaschine

Da Druck, Reibung, Feuchtigkeit und Wärme auch in der Waschmaschine wirken, können Filzstücke auch in der Waschmaschine fertig gefilzt werden. Dazu wird der Filzgegenstand in ein Handtuch eingerollt und ohne Waschmittel gewaschen. Je mehr Stücke in der Waschmaschine sind, desto größer ist die Schrumpfung. Ein Filzstück darf allerdings erst in die Waschmaschine, wenn die Wollfasern bereits gut verfilzt sind.

• Hilfe beim Zupfen

Oftmals fällt das gleichmäßige Zupfen der Rohwolle am Anfang schwer. Eine einfache Chipsdose kann dabei eine Hilfestellung geben. Man schlägt mit Hammer und Schraubenzieher ein Loch in den Boden der Dose. Danach füllt man die Wolle hinein und zieht sie durch das Loch wieder heraus. Die Dose hat somit die Funktion eines Spenders.

Material und Organisation im Unterricht

Im Folgenden finden Sie Checklisten zu den benötigten Materialien, dem Werkzeug und den Voraussetzungen am Arbeitsplatz. Dieser Überblick erleichtert die Organisation und Vorbereitung der Unterrichtseinheiten. Die ersten beiden Checklisten lassen sich kopiert auch als Einkaufsliste nutzen.

Hinweise zu Bezugsquellen finden Sie im Literaturverzeichnis. Manche Fabriken bieten „Einsteigerpakete" an.

Material

- [ ] Wolle (breite Farbpalette, Vlies, Kardenband, Kammzug)
- [ ] Seife (Schmierseife oder Olivenseife …)
- [ ] Essig (oder Essigessenz)
- [ ] Verpackungsfolie (Noppenfolie zur Herstellung von Schablonen)
- [ ] feste Folie (zur Abdeckung empfindlicher Tische; zum Bau einer „Wasserauffangwanne")
- [ ] Wäscheklammern und Klemmen (zum Bau einer „Wasserauffangwanne")

Eventuell zusätzliches Material

- [ ] Perlen
- [ ] Filznadeln, Nähnadeln
- [ ] Glöckchen
- [ ] Überraschungseierhüllen
- [ ] kleine Steine, Bohnen
- [ ] Bänder aus verschiedenen Materialien

Werkzeuge, Geräte und Utensilien

- [ ] Automatten (als Unterlage, fangen überschüssiges Wasser auf; Arbeitsplatzbegrenzung)
- [ ] Kochplatte, alte Töpfe (zum Erhitzen der Seifenlauge)
- [ ] Haushaltsreibe (zum Raspeln von Seifenspänen)
- [ ] Wäschesprenger (zum gleichmäßigen „Bewässern" von kleineren Werkstücken)
- [ ] Handtücher (zum Einwickeln des Werkstückes beim Walkprozess)
- [ ] Plastikschüsseln groß/klein

Arbeitsplatzeinrichtung

- [ ] Arbeitstische
- [ ] Materialtische
- [ ] Waschbecken
- [ ] Wäschereck, -leine, Wäscheklammern

Material

Wolle

Als Ausgangsmaterial dient fertig gewaschene, gekämmte (kardierte) naturfarbene und farbige Schafswolle. Gut zum Filzen eignet sich die Wolle der Merinoschafe. Diese Wolle ist fein, hat eine gute Kräuselung und filzt dadurch sehr schnell. Alle Wollsorten werden in drei verschiedenen Kämmarten angeboten. Für eine Schulklasse reicht von jeder Kämmart ein Kilogramm Wolle. Farbige Wolle kann man sich bunt zusammenstellen lassen.

- **Vlies** ist eine große kardierte Fläche, die aus gut zusammenhängenden Schichten besteht. Die einzelnen Schichten lassen sich voneinander abheben. Ein Wollvlies entsteht, indem in der Kardiermaschine die Rohwolle gereinigt, in einzelne Fasern gelöst, gemischt und aufgelockert wird. Das Vlies enthält kurze und lange Fasern, die kreuz und quer übereinander liegen.
- **Kardenband** ist eine dünne Lage Vlies, welches zu einem Band zusammengeführt wurde.
- **Kammzug** entsteht aus einer dünnen Lage Vlies, das durch Kämmen zu einem Band mit gleich liegenden Fasern zusammengeführt wurde. Zum Filzen müssen die Schichten kreuzweise übereinander gelegt werden, damit sich die langen Fasern gut verbinden.

Vlies

Kardenband

Kammzug

Lauge (Seife)

Beim Filzen dient Seife als alkalisches Gleitmittel, um den Filz geschmeidiger mit den Händen bearbeiten zu können. Des Weiteren werden der Wolle Fette zugeführt, die den Filzprozess begünstigen. Man kann Olivenölseife (als Block oder Flocken aus dem Naturkostladen), Schmierseife (im Eimer), Kernseife (in Blöcken) oder Flüssigseife verwenden. Kosmetische Seifen oder alkalische Allzweckreiniger eignen sich nicht.

Seife

Zur Herstellung:
Feste Seifenblöcke sollten vor dem Auflösen zu Seifenflocken zerrieben werden. Auf einen Liter heißes Wasser gibt man einen Esslöffel Schmierseife oder zwei Esslöffel Seifenflocken und löst diese durch Rühren gut auf.

Essigwasser

Um die Seifenrückstände aus dem fertigen Filz wieder zu entfernen, wird am Ende mit Essigwasser gespült. Hierzu gibt man auf einen Liter Wasser einen Schuss einfachen Haushaltsessig.

Räumlichkeiten und Arbeitsplatz

Filzen mit einer Klasse ist im Klassenraum wie auch im Kunst- oder Werkraum möglich.

Bei der **Wahl des Raumes** ist Folgendes zu beachten:

- Der Raum soll eine normale Klassengröße besitzen, um ausreichend Platz und Bewegungsfreiheit zu gewährleisten.
- Beim Filzen entsteht ein intensiver Geruch, den einige Schüler nur schlecht dauerhaft ertragen können. Zusätzlich wird beim Arbeitsprozess viel Feuchtigkeit freigesetzt, so dass das Lüften des Raumes möglich sein sollte. Daher sollte der Raum mindestens ein Fenster besitzen, das weit zu öffnen ist.
- Eine gute Beleuchtung ist notwendig, da beim Filzen genügend Licht zum Arbeiten vorhanden sein sollte.
- Der Boden des Raumes sollte möglichst nicht wasserempfindlich sein.
- Im Raum sollte ein Waschbecken zur Verfügung stehen, um Wasser holen und Werkstücke auswaschen zu können.
- Im Raum muss eine Möglichkeit zum Erhitzen von Wasser und/oder Seifenlauge vorhanden sein (Wasserkocher, Herdplatten).
- Ein für alle Schüler zugänglicher Tisch sollte als Materialtisch ausgewiesen werden. Hier finden sich alle „trockenen" Materialien (Wolle, Handtücher, Schablonen, weiteres Verbrauchsmaterial).
- Ein weiterer Tisch muss für alle „nassen" Materialien zur Verfügung stehen. Hier kann eine Schüssel mit Essigwasser, die von allen Schülern genutzt wird, deponiert werden und die eigene Seifenlaugenschüssel kann wieder aufgefüllt werden.
- Zum Trocknen der Filzarbeiten werden Wäschereck, -leine und Klammern benötigt.

Jeder Schüler benötigt seinen eigenen Arbeitsbereich. Entweder erhält jeder Schüler diesen Bereich an einem großen Arbeitstisch, an dem alle Schüler arbeiten oder jeder richtet seinen eigenen Arbeitstisch „filzgerecht" ein.

Bei der **Einrichtung des Arbeitsplatzes** ist Folgendes zu beachten:

- Die Tische müssen vor Wasser geschützt werden. Bei einem großen Arbeitstisch, um den mehrere Schüler herumstehen, deckt man den gesamten Tisch mit einer festen Plane ab und formt diese mit Wäscheklammern oder Klemmen (gibt's im Baumarkt in verschiedenen Größen) zu einer Art Wanne mit kleinem Rand. Arbeitet jeder Schüler alleine an seinem Arbeitstisch, genügt eine Automatte als Unterlage.
- Jeder Arbeitsplatz benötigt ein Handtuch für auslaufendes bzw. überschüssiges Wasser. Es ist gut, genügend zusätzliche Handtücher zur Verfügung zu haben.
- Als Arbeitsunterlage hat sich eine Autofußmatte aus Gummi bewährt. Diese ist wasserunempfindlich, begrenzt für den Schüler den Arbeitsplatz und unterstützt durch das geriffelte Muster den Filzprozess. Billige Automatten haben oft einen höheren Rand. Dies ist fürs Autofahren unpraktisch, fürs Filzen ideal.

Jeder Schüler **benötigt folgende Materialien**:

- eine kleine Schüssel oder ein Kästchen für trockene Wolle.
- eine Schüssel für die heiße Seifenlauge.
- ein Handtuch, in das nach dem ersten Anfilzen die Werkstücke zum Walken eingerollt werden können.
- einen Wäschesprenger (vor allem beim Filzen von Flächen notwendig).
- Noppenfolie, die beim Anfilzen von Flächen hilft, indem sie auf das Werkstück aufgelegt wird und der Schüler auf der Folie arbeitet. Dadurch werden Motive oder Muster nicht „verrieben". Ein Stück Nylongardine oder Fliegennetz dient demselben Zweck.
- die entsprechende Arbeitsanleitung in einer Klarsichthülle oder laminiert.

Arbeitsplatzeinrichtung

Arbeitsmaterialien und Kopiervorlagen

Das folgende Kapitel beinhaltet Arbeitsmaterialien, die die Schüler beim Erlernen der Technik „Filzen“ unterstützen. Alle Materialien können sowohl zur Erarbeitung als auch zur Wiederholung und Unterstützung bei fortgeschrittenem Lernprozess genutzt werden.

Das Material kann auf unterschiedliche Weise eingesetzt werden:

Es kann zum Stundeneinstieg in Form eines Handlungsplans immer wieder neu erarbeitet werden oder bleibt als fester Bestandteil in der Klasse oder im Textilraum an der Wand hängen.

Es empfiehlt sich, die Arbeitspläne für die Schülerhand nach dem Kopieren zu laminieren, da die Schüler an ihren Arbeitsplätzen mit Wasser hantieren. So lassen sich die Pläne lange wieder verwerten.
Bei zweiseitigen Arbeitsplänen (z.B. S. 41, S. 42) ist es praktisch, den zweiten Teil auf die Rückseite des ersten Teils zu kopieren oder zu kleben. Somit gibt es kein Zetteldurcheinander auf dem Arbeitsplatz.

Folgende Kopiervorlagen bzw. Vorlagen für Farbfolien stehen für den Einsatz im Unterricht bereit:

Informationskarten zu den Eigenschaften von Wolle

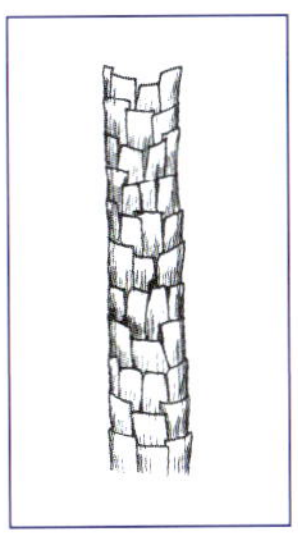
Info-Karte 1

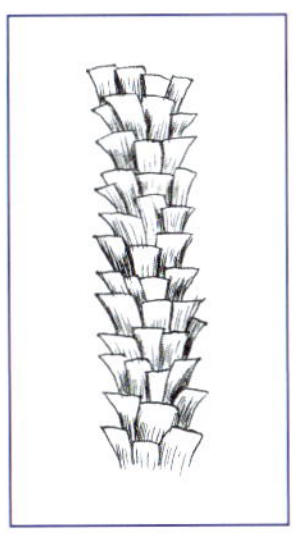
Info-Karte 2

Info-Karte 3

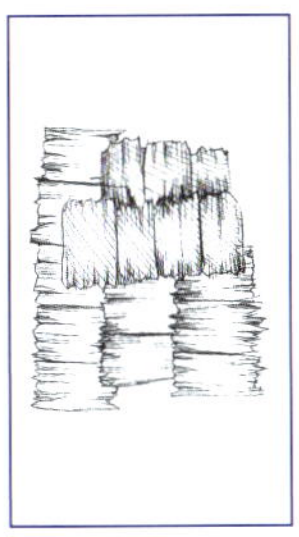
Info-Karte 4

Diese Kopiervorlagen helfen, den Schülern den Filzprozess auf theoretischer Ebene näher zu bringen. Sinnvoll ist es, diese in einer Einführungsstunde zur Technik „Filzen“ oder einer vorgeschobenen Stunde zum Thema „Eigenschaften der Wolle“ einzubringen.

Karte 1: Schuppenartiger Aufbau einer Wollfaser im Normalzustand, d.h. mit anliegenden Schuppen.

Karte 2: Abgespreizte Schuppen einer mit Seifenlauge benetzten Wollfaser, die für das Filzen vorbereitet ist.

Karte 3: Wollfasern, die kreuz und quer übereinander liegen. Im Filzprozess verschlingen sich die Fasern in einem undurchschaubaren „Chaos“.

Karte 4: Die Auslegetechnik bei einer Fläche. Die Schüler erkennen ein schuppenartiges Übereinanderlegen der einzelnen Wollflocken in der Senkrechten und Waagerechten („Wir decken ein Dach“). So sind die optimalen Voraussetzungen gegeben, dass die Wollfasern sich möglichst gleichmäßig verbinden.

Orientierungskarten für den Materialtisch

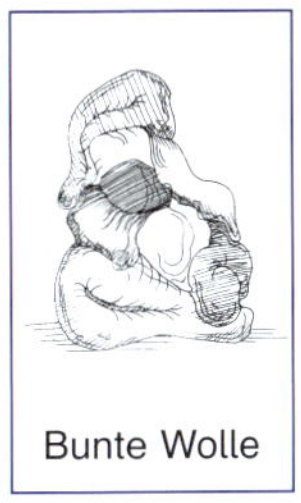

O.-Karte 1

O.-Karte 2

O.-Karte 3

O.-Karte 4

O.-Karte 5

O.-Karte 6

O.-Karte 7

O.-Karte 8

Diese 8 Karten haben zwei Funktionen:

Bei der Einführung der textilen Technik werden sie genutzt, um die nötigen Materialien darzustellen. Sie können den einzelnen Arbeitsschritten zugeordnet werden und so z.B. ein Tafelbild ergänzen.

Im weiteren Verlauf der Unterrichtsreihe werden die Karten eingesetzt, um den Materialtisch für die Schüler eindeutig zu strukturieren. Hierzu werden die Karten am Tisch oder über dem Tisch an der Wand befestigt. So erhalten die Schüler schnell einen sicheren Überblick über die unterschiedlichen Materialien und alles bleibt an seinem Platz. Die Materialien werden dem Ablauf der Arbeitsschritte entsprechend bereitgestellt.

Impulskarten zur Technikerarbeitung

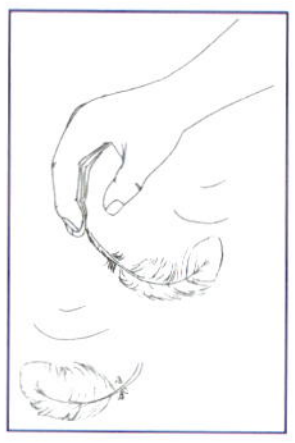

Impuls-Karte 1

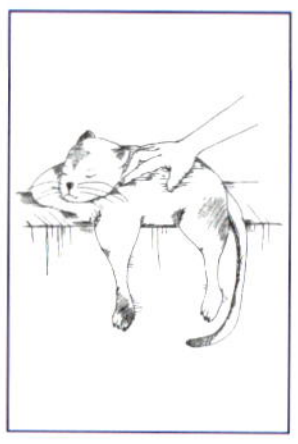

Impuls-Karte 2

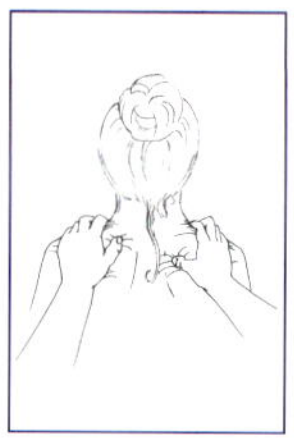

Impuls-Karte 3

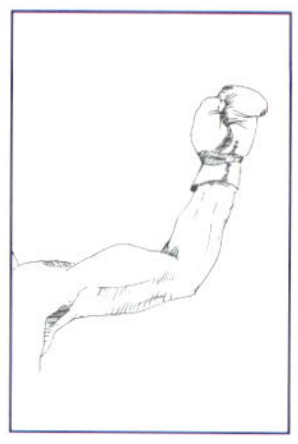

Impuls-Karte 4

Die Impulskarten werden in einem frühen Stadium einer Unterrichtsreihe eingesetzt. Sie verdeutlichen dem Schüler sinnbildlich den Umgang mit der Wolle und beschreiben die differenzierte Kraftdosierung während der einzelnen Stadien im Filzprozess.

Karte 1: Die Federn verdeutlichen das sanfte, vorsichtige Arbeiten beim Zupfen und Legen der Wolle. („Zupfe die Wollflocken sanft ab. Lasse sie wie eine Feder auf die Arbeitsfläche fallen.“)

Karte 2: Das Kind, welches sein Haustier streichelt, symbolisiert das Streicheln der Wolle beim Anfilzen. („Streichle die Wollflocken wie eine Katze, einen Hamster oder dein Lieblingsstofftier.“)

Karte 3: Der massierte Nacken symbolisiert das immer kräftigere Bearbeiten der Wolle. („Massiere die Wolle vorsichtig immer kräftiger. Mache es so, als ob du jemandem den Nacken massierst.“)

Karte 4: Der starke Mann steht für ein kräftiges Rollen und Kneten während des letzten Filzvorganges und beim Walken. („Nun musst du es machen wie der starke Mann. Lasse alle deine Muskeln spielen!“)

Der Filzprofi-Pass

Der Filzprofi-Pass begleitet die Schüler während einer gesamten Unterrichtsreihe oder während der Einführungsstunde(n). Er wird dazu genutzt, ein besonderes Augenmerk auf einzelne Arbeitsschritte zu lenken.

Im Filzprofi-Pass werden die einzelnen Arbeitsschritte des Filzprozesses als Piktogramme dargestellt. Nach sorgfältiger Durchführung einer Phase wird die Abbildung eingeklebt und von der Lehrperson oder vom Schüler selbst abgestempelt. Die Piktogramme gibt es zu den drei Grundtechniken Fläche, Schnur und Kugel.

Dies ermöglicht eine intensive und bedächtige Auseinandersetzung mit dem Filzprozess. Der Filzprofi-Pass ist für Schüler sehr motivierend und dokumentiert ihr Tun.

Fotokarten zur Grundtechnik

Die Fotokarten zeigen Kinder beim Filzen. Es werden folgende drei Grundtechniken Schritt für Schritt erklärt: Filzen einer Fläche, Filzen einer Schnur, Filzen einer Kugel.

Filzen einer Fläche

Filzen einer Kugel

Filzen einer Schnur

Die Fotos können mit dem Overheadprojektor präsentiert und/oder später an die Tafel gehängt werden. Letzteres bietet die Möglichkeit einer ständigen Orientierung während des Filzprozesses.

So fällt es auch sehr jungen Schülern leicht, den Arbeitsprozess zu verstehen und Handlungsschritte zu verinnerlichen.

Arbeitspläne zur Grundtechnik

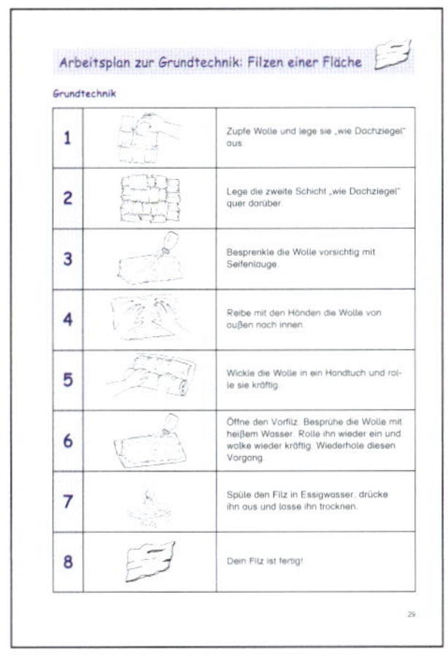

Arbeitsplan zur Grundtechnik: Filzen einer Fläche

Grundtechnik

1		Zupfe Wolle und lege sie „wie Dachziegel" aus.
2		Lege die zweite Schicht „wie Dachziegel" quer darüber.
3		Besprenkle die Wolle vorsichtig mit Seifenlauge.
4		Reibe mit den Händen die Wolle von außen nach innen.
5		Wickle die Wolle in ein Handtuch und rolle sie kräftig.
6		Öffne den Vorfilz. Besprühe die Wolle mit heißem Wasser. Rolle ihn wieder ein und walke wieder kräftig. Wiederhole diesen Vorgang.
7		Spüle den Filz in Essigwasser, drücke ihn aus und lasse ihn trocknen.
8		Dein Filz ist fertig!

29

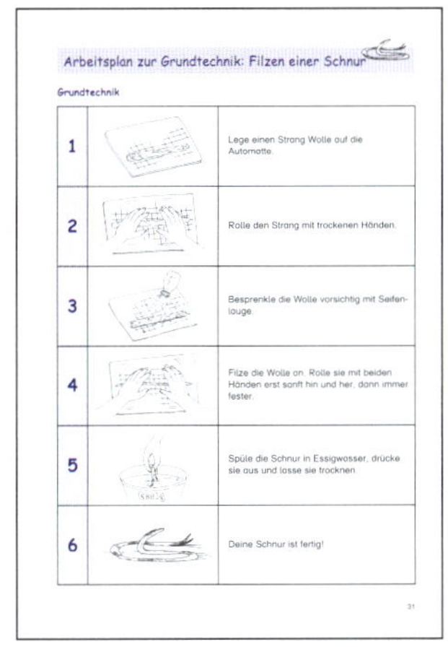

Arbeitsplan zur Grundtechnik: Filzen einer Schnur

Grundtechnik

1		Lege einen Strang Wolle auf die Automatte.
2		Rolle den Strang mit trockenen Händen.
3		Besprenkle die Wolle vorsichtig mit Seifenlauge.
4		Filze die Wolle an. Rolle sie mit beiden Händen erst sanft hin und her, dann immer fester.
5		Spüle die Schnur in Essigwasser, drücke sie aus und lasse sie trocknen.
6		Deine Schnur ist fertig!

31

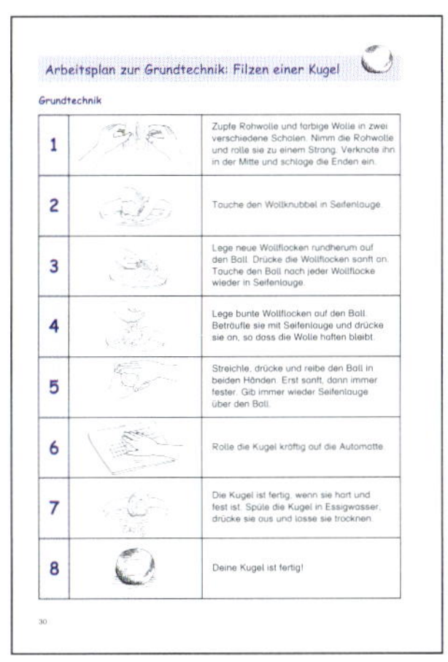

Arbeitsplan zur Grundtechnik: Filzen einer Kugel

Grundtechnik

1		Zupfe Rohwolle und farbige Wolle in zwei verschiedene Schalen. Nimm die Rohwolle und rolle sie zu einem Strang. Verknote ihn in der Mitte und schlage die Enden ein.
2		Tauche den Wollknubbel in Seifenlauge.
3		Lege neue Wollflocken rundherum auf den Ball. Drücke die Wollflocken sanft an. Tauche den Ball nach jeder Wollflocke wieder in Seifenlauge.
4		Lege bunte Wollflocken auf den Ball. Beträufle sie mit Seifenlauge und drücke sie an, so dass die Wolle haften bleibt.
5		Streichle, drücke und reibe den Ball in beiden Händen. Erst sanft, dann immer fester. Gib immer wieder Seifenlauge über den Ball.
6		Rolle die Kugel kräftig auf die Automatte.
7		Die Kugel ist fertig, wenn sie hart und fest ist. Spüle die Kugel in Essigwasser, drücke sie aus und lasse sie trocknen.
8		Deine Kugel ist fertig!

30

Die Arbeitspläne sind konzipiert für Schüler, die bereits lesen können. Zum besseren Verständnis wird jeder Textabschnitt mit einer Zeichnung dokumentiert. So sind die Schüler schnell in der Lage, selbstständig und mit möglichst wenig Hilfe seitens der Lehrkraft zu arbeiten.

Hier finden sich die drei Arbeitspläne zu den Grundtechniken (Filzen einer Fläche, Filzen einer Schnur, Filzen einer Kugel), die einer weiteren Arbeit zugrunde liegen. Weitere, detailliertere Arbeitspläne sind den jeweiligen Projektbeschreibungen angehängt.

Informationskarten zu den Eigenschaften von Wolle

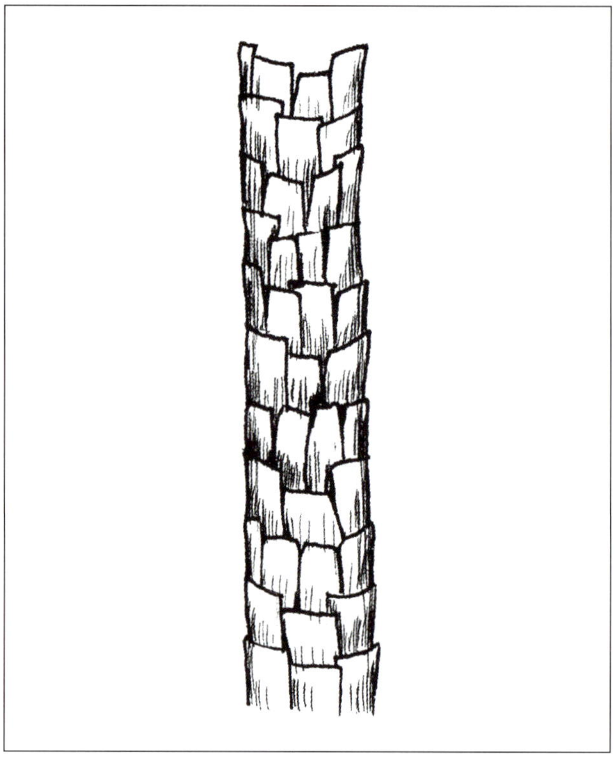

Schuppenartiger Aufbau einer Wollfaser im Normalzustand, d.h. mit anliegenden Schuppen.

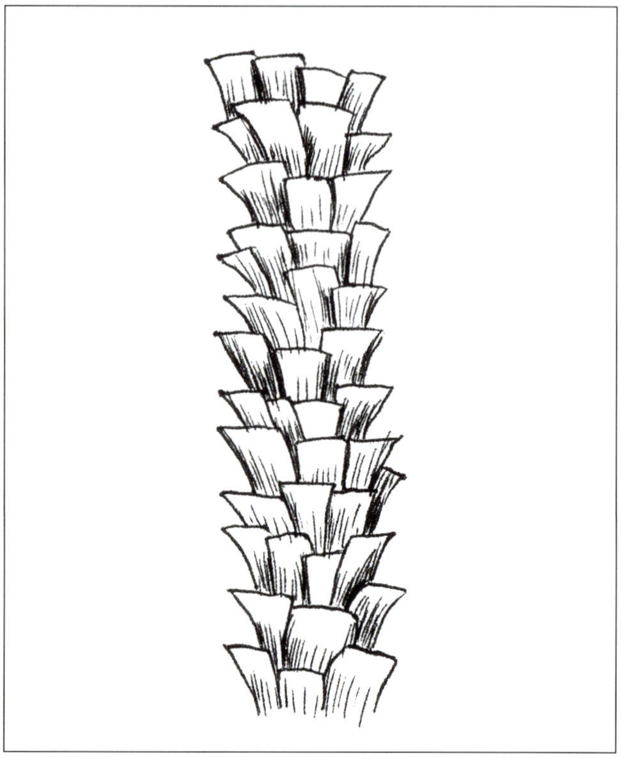

Wollfaser, deren Schuppen mit Hilfe von Seifenlauge abgespreizt werden.

Wollfasern, die kreuz und quer übereinander liegen. Im Filzprozess verschlingen sie sich zu einem undurchschaubaren „Chaos“.

Wollflocken, die schuppenartig senkrecht und waagrecht übereinander liegen („Dachdecken“). Voraussetzung für das Filzen einer Fläche.

Orientierungskarten für den Materialtisch

Bunte Wolle

Handtücher

Schüsseln

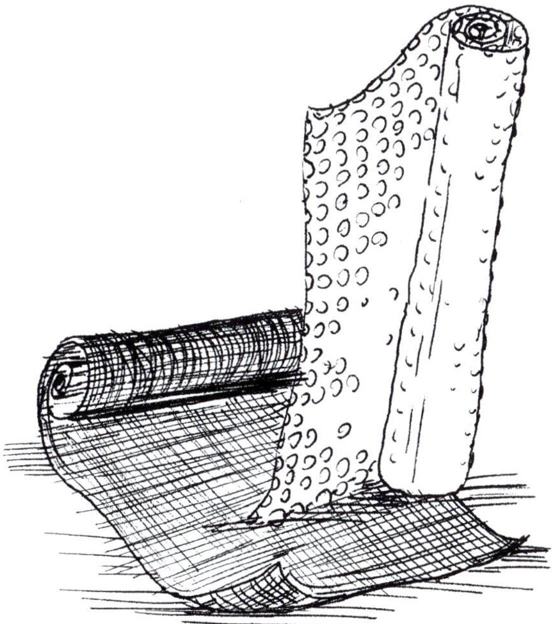

Noppenfolie/Fliegennetz

Orientierungskarten für den Materialtisch

Heißes Wasser

Seife

Essig

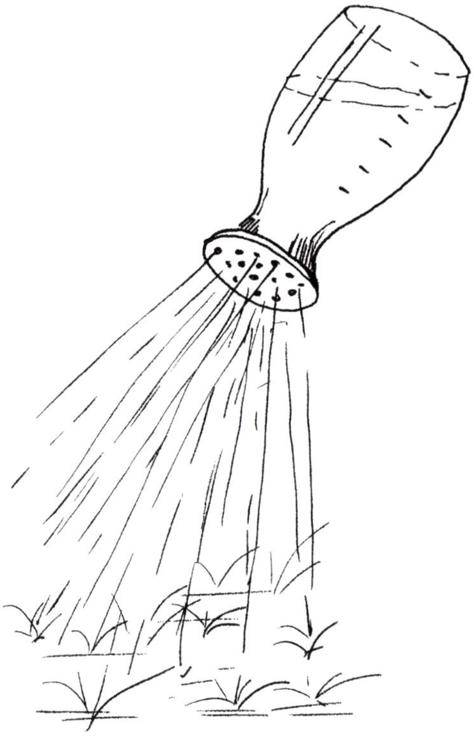

Sprenkler

Impulskarten zur Technikerarbeitung

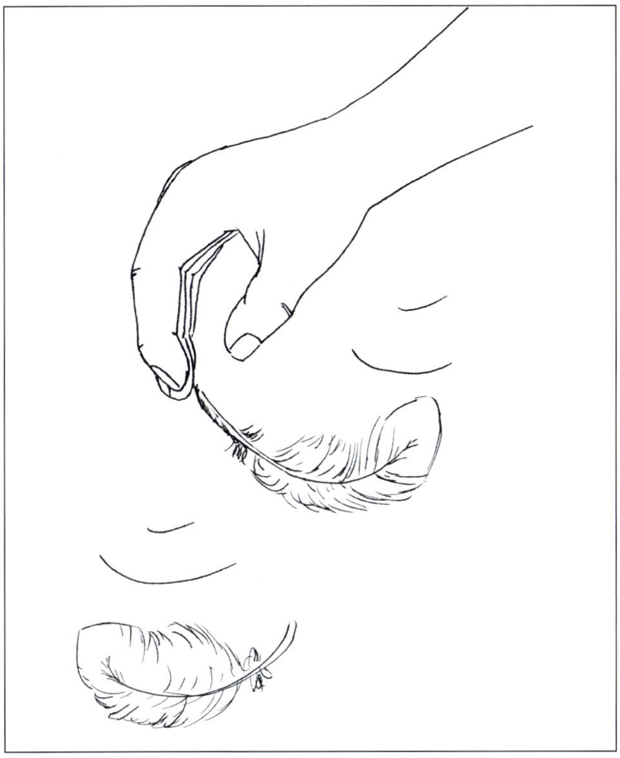

„Zupfe die Wollflocken sanft ab. Lasse sie wie eine Feder auf die Arbeitsfläche fallen."

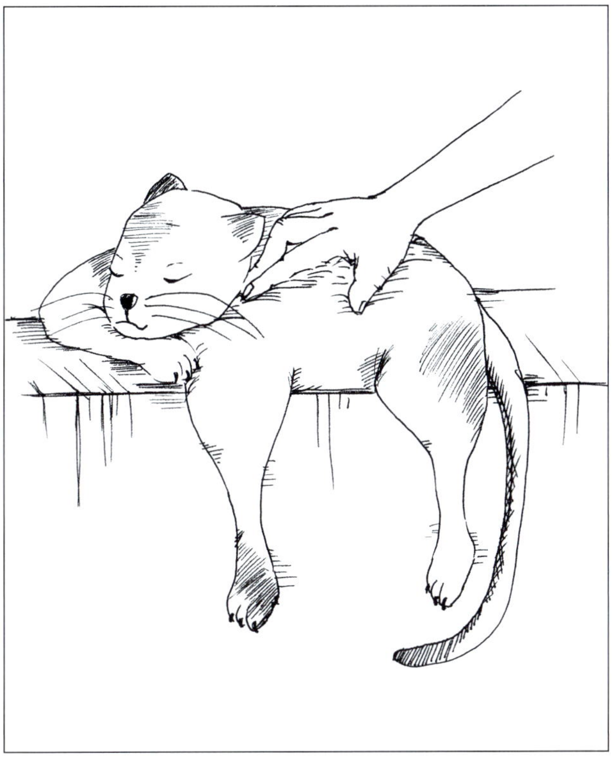

„Streichle die Wollflocken wie eine Katze, einen Hamster oder dein Lieblingsstofftier."

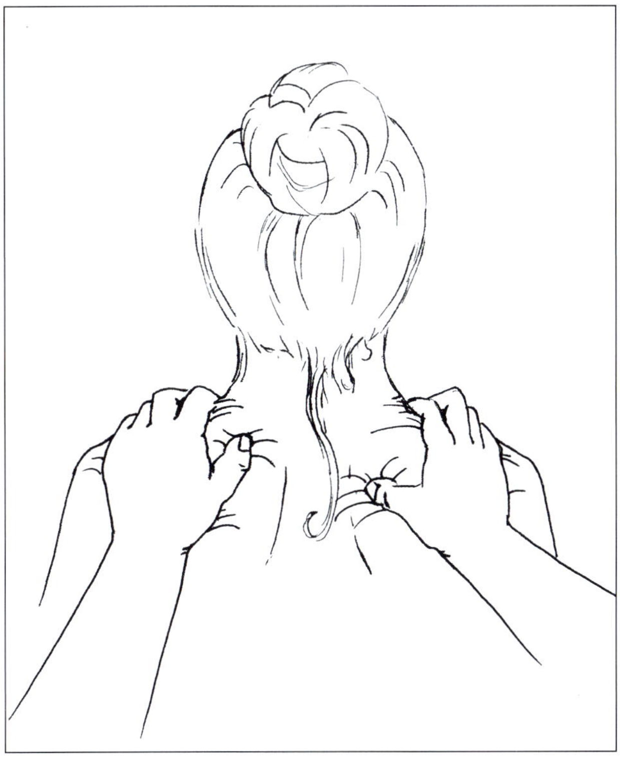

„Massiere die Wolle vorsichtig immer kräftiger. Mache es so, als ob du jemandem den Nacken massierst."

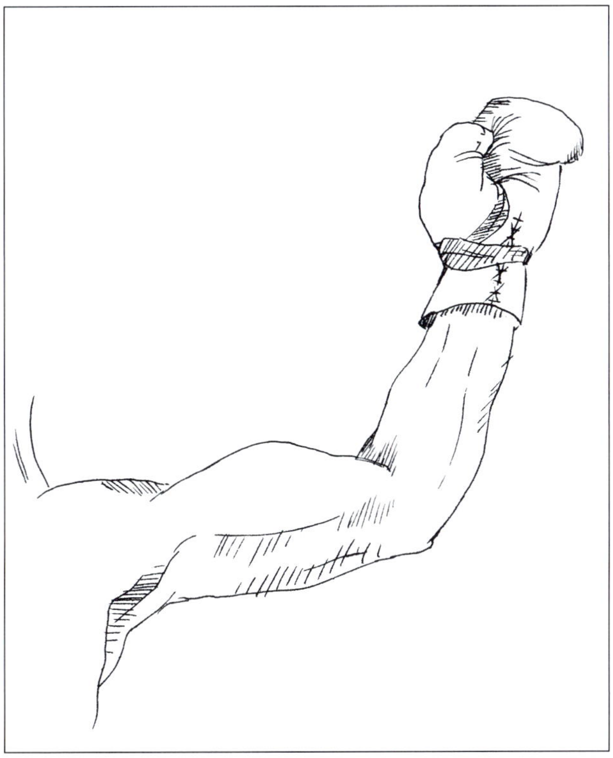

„Nun musst du es machen wie der starke Mann. Lasse alle deine Muskeln spielen."

Fotokarten zur Grundtechnik: Filzen einer Fläche

1. Schritt: Zupfe die Wolle und lege sie „wie Dachziegel" aus.

2. Schritt: Lege die zweite Schicht „wie Dachziegel" quer darüber.

Fotokarten zur Grundtechnik: Filzen einer Fläche

3. Schritt: Besprenkle die Wolle vorsichtig mit Seifenlauge.

4. Schritt: Reibe mit den Händen die Wolle von außen nach innen.

5. Schritt: Wickle die Wolle in ein Handtuch und rolle sie kräftig.

6. Schritt: Öffne den Vorfilz. Besprühe die Wolle mit heißem Wasser. Rolle ihn wieder ein und walke wieder kräftig. Wiederhole diesen Vorgang.

Fotokarten zur Grundtechnik: Filzen einer Fläche

7. Schritt: Spüle den Filz in Essigwasser, drücke ihn aus und lasse ihn trocknen.

8. Schritt: Dein Filz ist fertig!

Fotokarten zur Grundtechnik: Filzen einer Kugel

1. Schritt: Zupfe Rohwolle und farbige Wolle in zwei verschiedene Schalen. Nimm die Rohwolle und rolle sie zu einem Strang. Verknote ihn in der Mitte und schlage die Enden ein.

2. Schritt: Tauche den Wollknubbel in Seifenlauge.

Fotokarten zur Grundtechnik: Filzen einer Kugel

3. Schritt: Lege neue Wollflocken rundherum auf den Ball. Drücke die Wollflocken sanft an. Tauche den Ball nach jeder Wollflocke wieder in Seifenlauge.

4. Schritt: Lege bunte Wollflocken auf den Ball. Beträufle sie mit Seifenlauge und drücke sie an, so dass die Wolle haften bleibt.

Fotokarten zur Grundtechnik: Filzen einer Kugel

5. Schritt: Streichle, drücke und reibe den Ball in beiden Händen. Erst sanft, dann immer fester. Gib immer wieder Seifenlauge über den Ball.

6. Schritt: Rolle die Kugel kräftig auf der Automatte.

Fotokarten zur Grundtechnik: Filzen einer Kugel

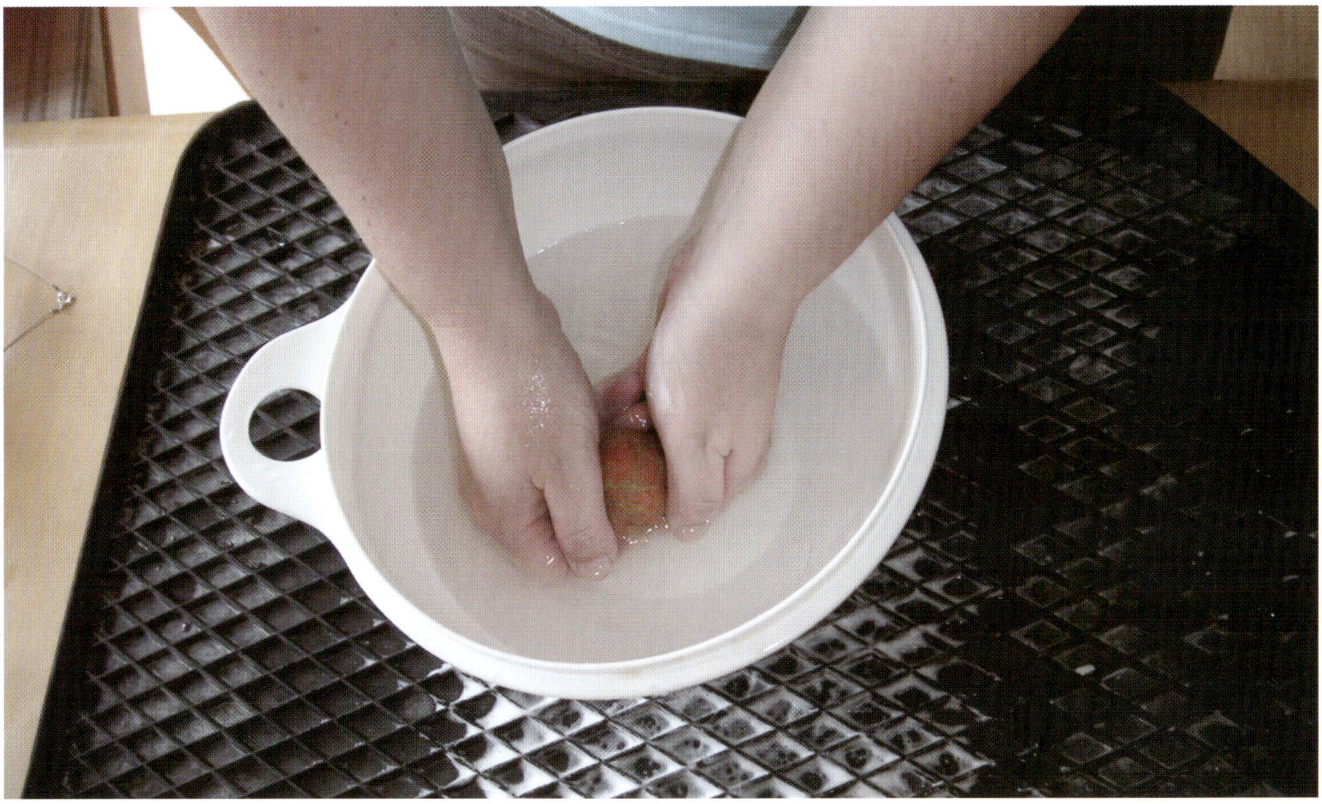

7. Schritt: Die Kugel ist fertig, wenn sie hart und fest ist. Spüle die Kugel in Essigwasser, drücke sie aus und lasse sie trocken.

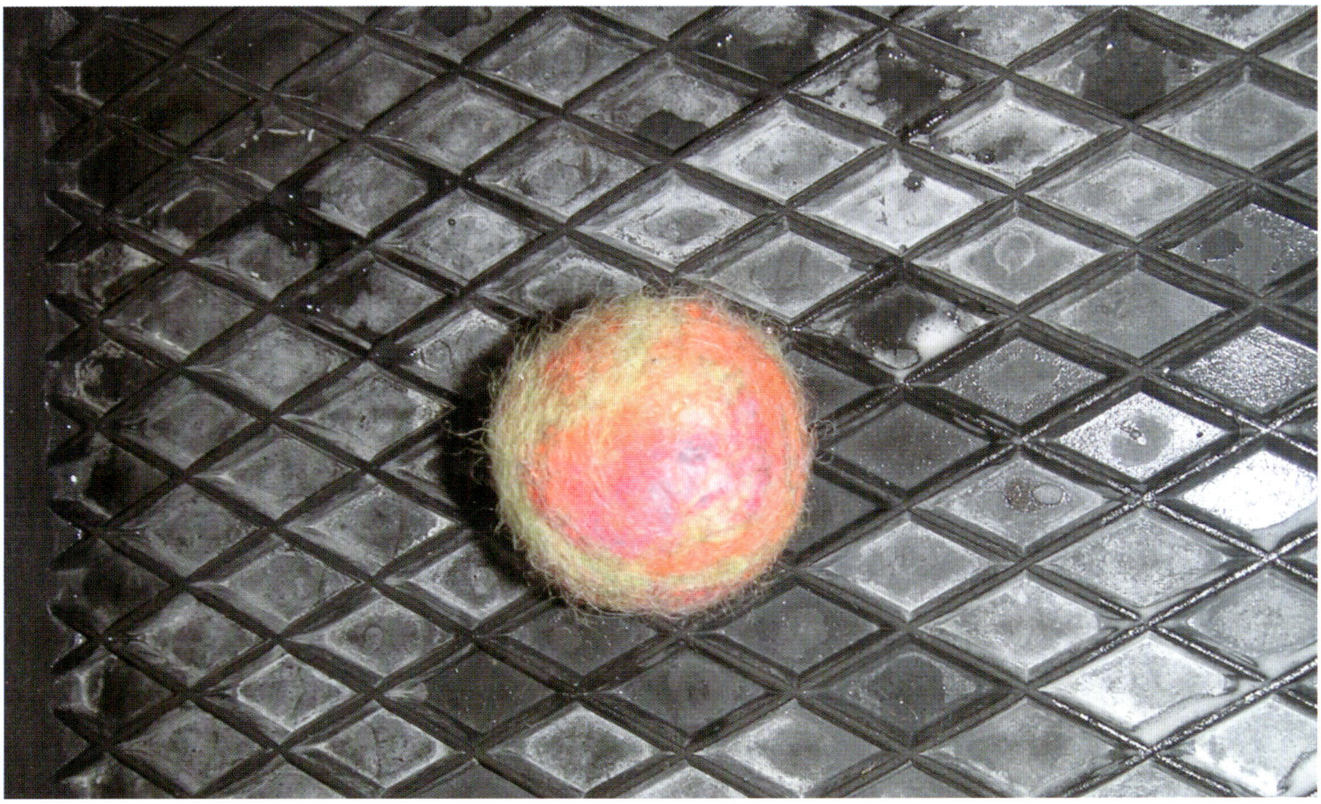

8. Schritt: Deine Kugel ist fertig!

Fotokarten zur Grundtechnik: Filzen einer Schnur

1. Schritt: Lege einen Strang Wolle auf die Automatte.

2. Schritt: Rolle den Strang mit trockenen Händen.

Fotokarten zur Grundtechnik: Filzen einer Schnur

3. Schritt: Besprenkle die Wolle vorsichtig mit Seifenlauge.

4. Schritt: Filze die Wolle an. Rolle sie mit beiden Händen erst sanft hin und her, dann immer fester.

5. Schritt: Spüle die Schnur in Essigwasser, drücke sie aus und lasse sie trocknen.

6. Schritt: Deine Schnur ist fertig!

Arbeitsplan zur Grundtechnik: Filzen einer Fläche

1	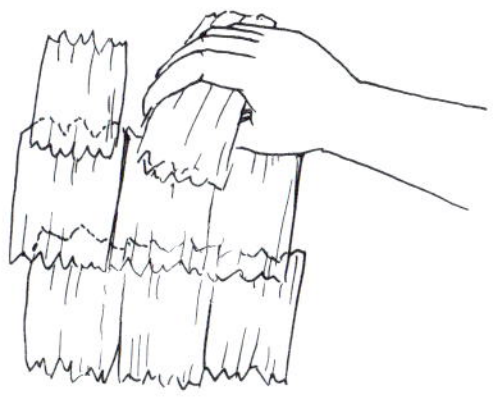	Zupfe Wolle und lege sie „wie Dachziegel" aus.
2	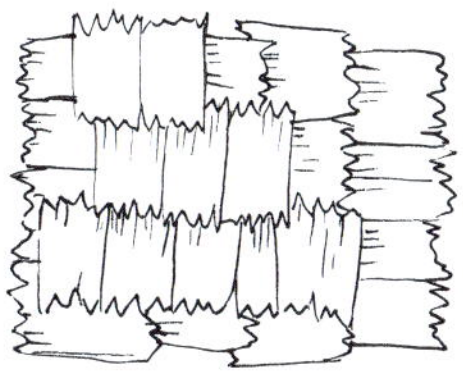	Lege die zweite Schicht „wie Dachziegel" quer darüber.
3		Besprenkle die Wolle vorsichtig mit Seifenlauge.
4	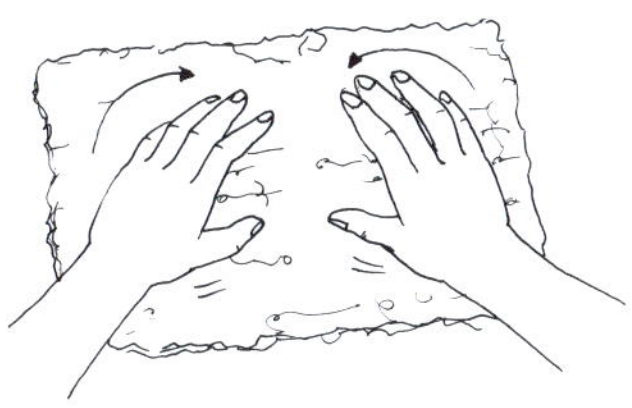	Reibe mit den Händen die Wolle von außen nach innen.
5	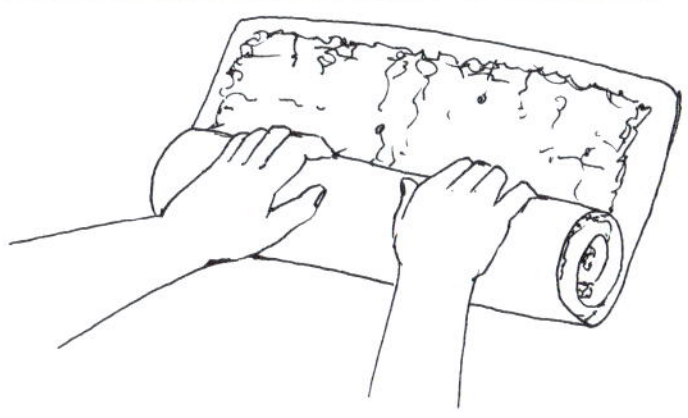	Wickle die Wolle in ein Handtuch und rol-le sie kräftig.
6		Öffne den Vorfilz. Besprühe die Wolle mit heißem Wasser. Rolle ihn wieder ein und walke wieder kräftig. Wiederhole diesen Vorgang.
7		Spüle den Filz in Essigwasser, drücke ihn aus und lasse ihn trocknen.
8	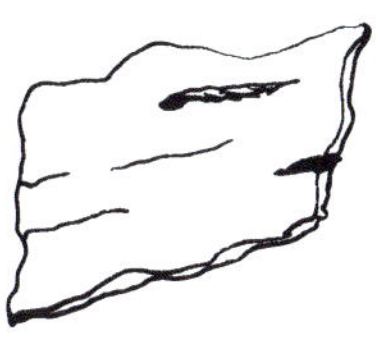	Dein Filz ist fertig!

Arbeitsplan zur Grundtechnik: Filzen einer Kugel 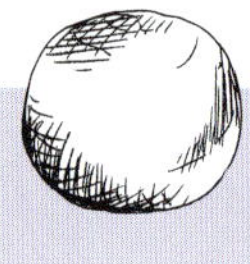

1	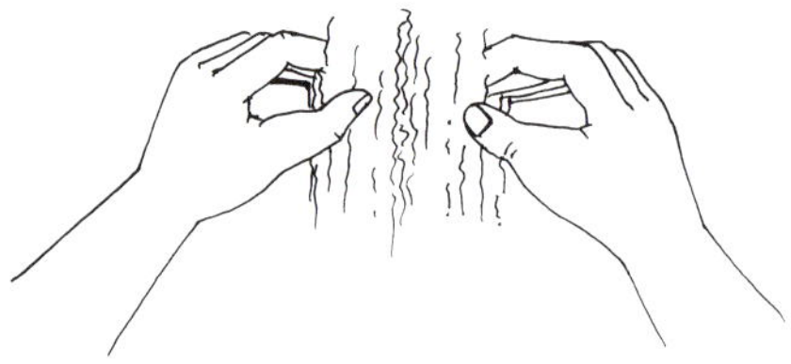	Zupfe Rohwolle und farbige Wolle in zwei verschiedene Schalen. Nimm die Rohwolle und rolle sie zu einem Strang. Verknote ihn in der Mitte und schlage die Enden ein.
2		Tauche den Wollknubbel in Seifenlauge.
3	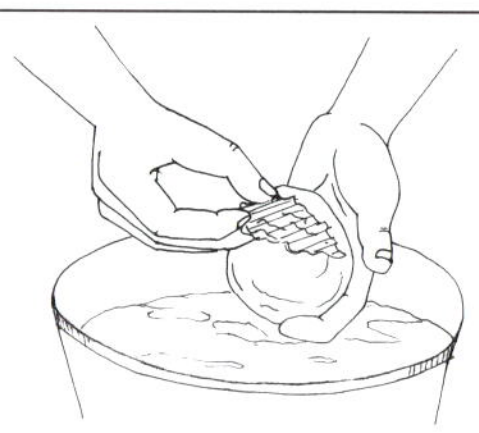	Lege neue Wollflocken rundherum auf den Ball. Drücke die Wollflocken sanft an. Tauche den Ball nach jeder Wollflocke wieder in Seifenlauge.
4	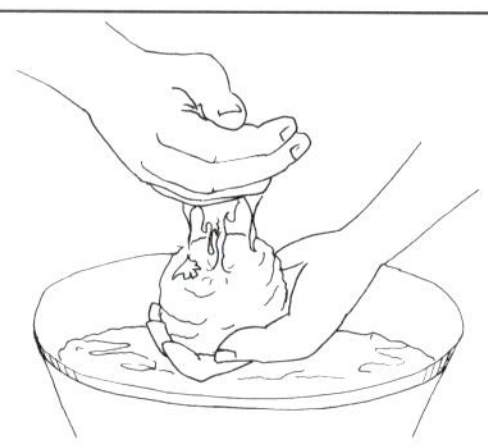	Lege bunte Wollflocken auf den Ball. Beträufle sie mit Seifenlauge und drücke sie an, so dass die Wolle haften bleibt.
5	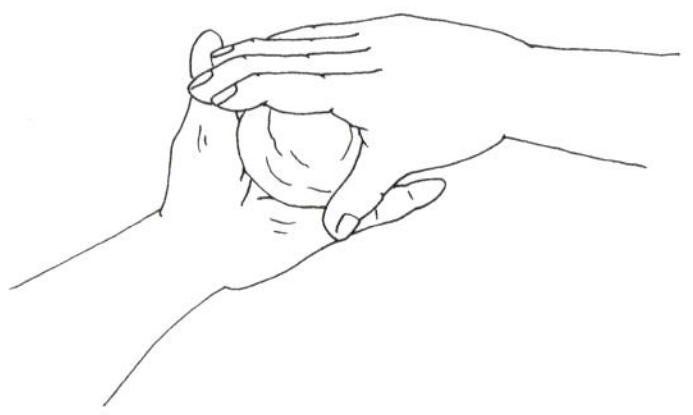	Streichle, drücke und reibe den Ball in beiden Händen. Erst sanft, dann immer fester. Gib immer wieder Seifenlauge über den Ball.
6		Rolle die Kugel kräftig auf die Automatte.
7		Die Kugel ist fertig, wenn sie hart und fest ist. Spüle die Kugel in Essigwasser, drücke sie aus und lasse sie trocknen.
8		Deine Kugel ist fertig!

Arbeitsplan zur Grundtechnik: Filzen einer Schnur

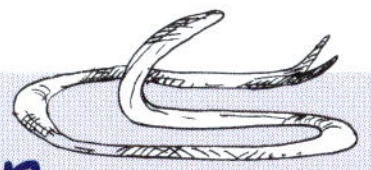

1	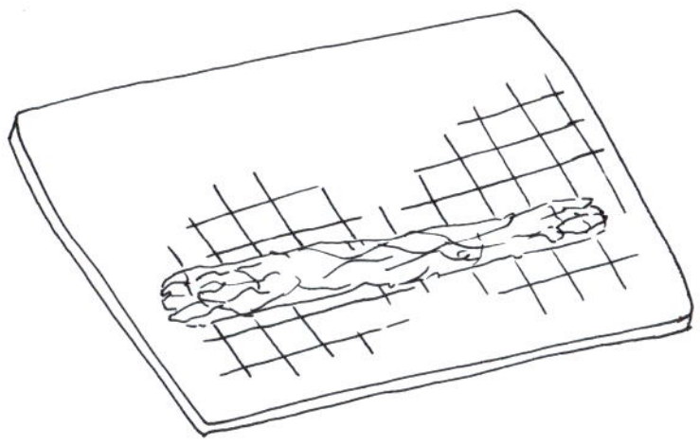	Lege einen Strang Wolle auf die Automatte.
2		Rolle den Strang mit trockenen Händen.
3		Besprenkle die Wolle vorsichtig mit Seifenlauge.
4		Filze die Wolle an. Rolle sie mit beiden Händen erst sanft hin und her, dann immer fester.
5		Spüle die Schnur in Essigwasser, drücke sie aus und lasse sie trocknen.
6	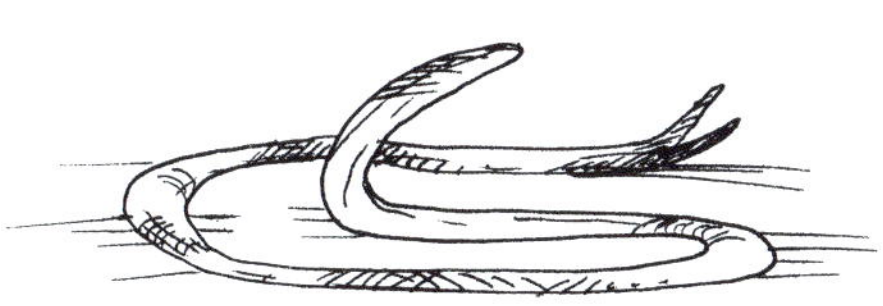	Deine Schnur ist fertig!

Der Filzprofi-Pass

Blankovorlage

1. Außenansicht

Filzprofi-Pass

von

____

2. Innenansicht

Das kann ich schon:

Abbildungen zum Einkleben in den Filzprofi-Pass

Grundtechnik:
Filzen einer Fläche

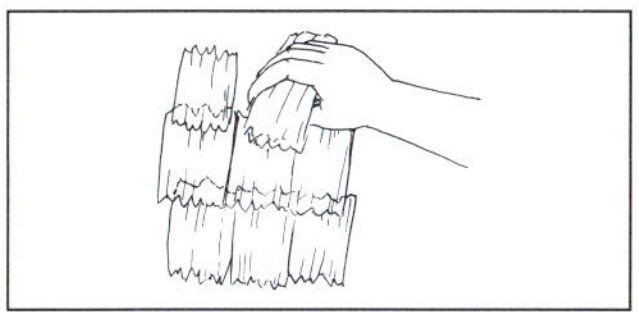

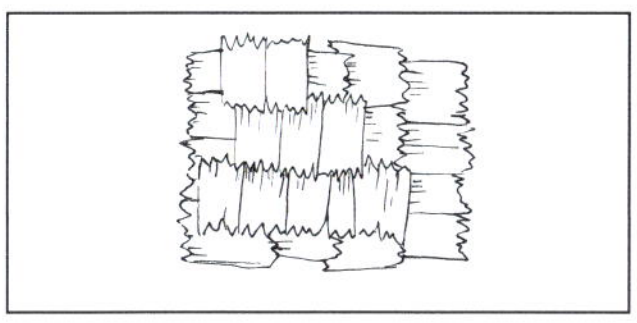

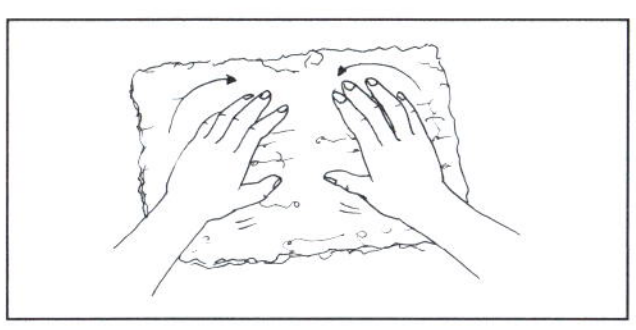

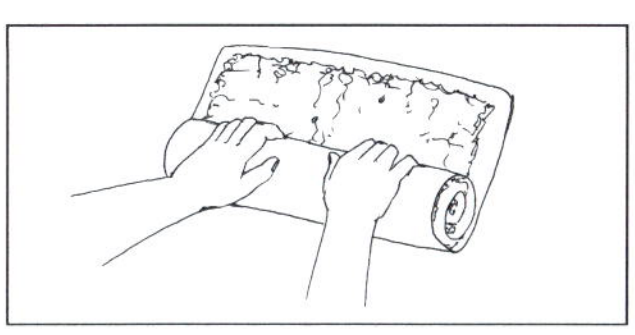

Grundtechnik:
Filzen einer Kugel

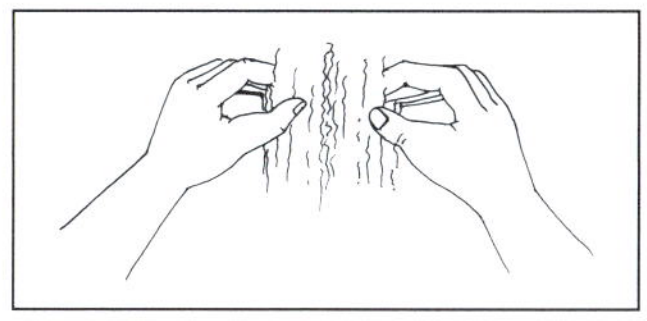

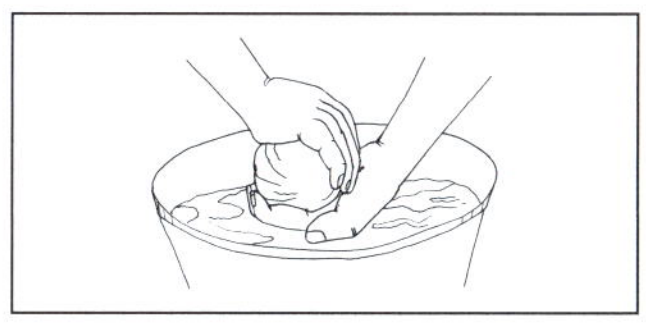

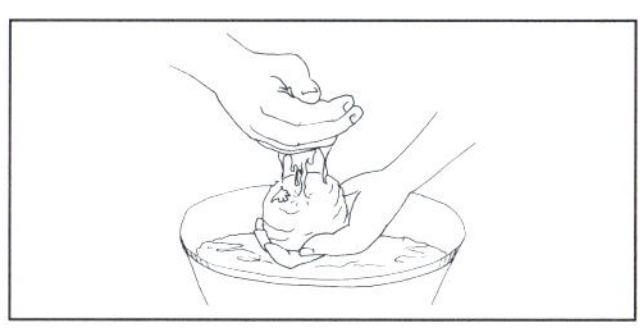

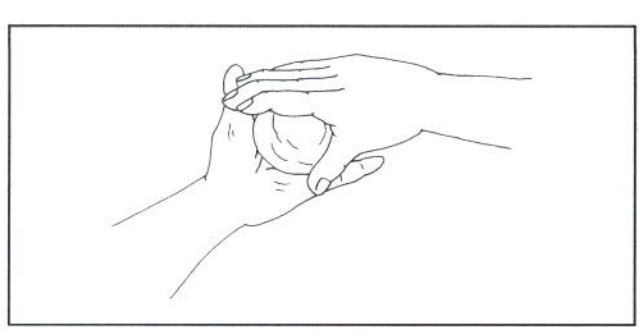

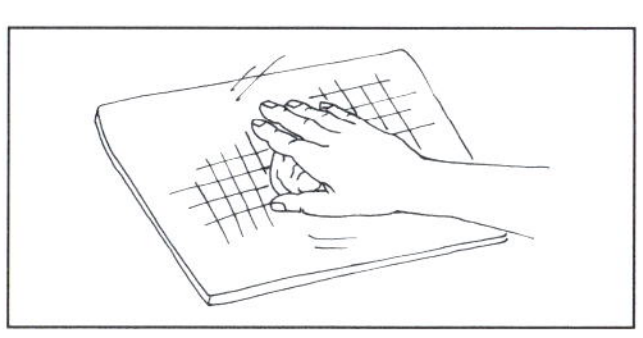

Grundtechnik:
Filzen einer Schnur

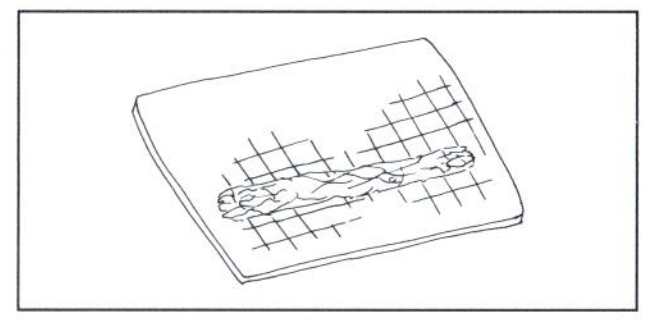

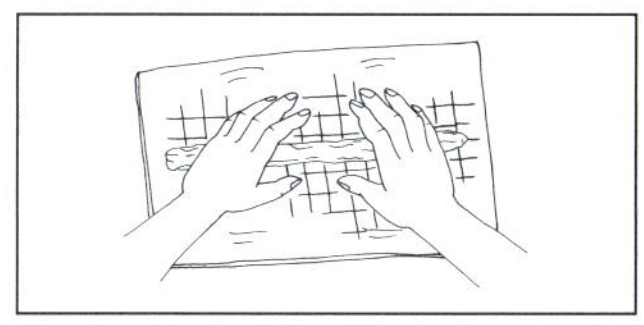

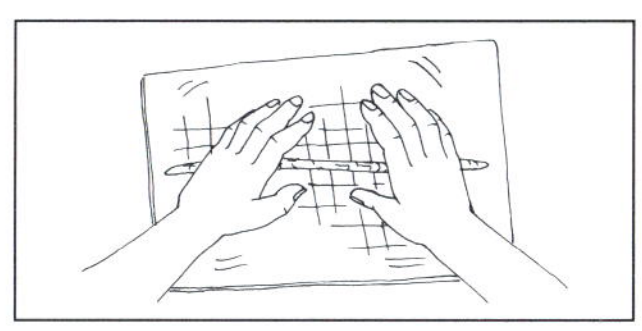

Unterrichtseinheiten

Im folgenden Kapitel werden verschiedene Unterrichtseinheiten zur textilen Technik des Filzens beschrieben. Die Beschreibungen enthalten

- Angaben über die **Zeit**, die das jeweilige Projekt in Anspruch nimmt,
- Angaben über das **Material** und die **Medien**, die während der Durchführung benötigt werden,
- eine genaue **methodische Anleitung** für die Lehrperson,
- einen **Arbeitsplan** für die Schüler.

Kombinationsmöglichkeiten der Einheiten zu einer Unterrichtsreihe

Die Einheiten sind in sich geschlossen und können jede für sich als Unterrichtsprojekt genutzt werden.

Die folgende Tabelle hilft dabei, eine Unterrichtsreihe zum Thema Filzen systematisch aufzubauen.

Das separate Kästchen unter der Tabelle beschreibt ein außergewöhnliches Klassenprojekt, das deutlich mehr Zeit in Anspruch nimmt als die übrigen Einheiten.

Kombiniert man die Einheiten zu einer Unterrichtsreihe

von links nach rechts ...

... steigt der Anspruch in Bezug auf die Filz*technik*.

Die oberste Zeile bietet sich somit als Einstieg in das Thema Filzen an. Die unterste Zeile eignet sich für fortgeschrittene Schüler.

von oben nach unten ...

... variiert der Anspruch innerhalb *einer Thematik*.

Die Spalte „Bälle" (ganz links) enthält z.B. kreative Ideen rund um das Thema Bälle.

Die einzelnen Objekte werden dabei zunehmend differenzierter und ausgefeilter.

diagonal ...

... so gestaltet man eine Unterrichtsreihe thematisch vielseitig *und* steigert den Anspruch in Bezug auf die Filztechnik.

Können Sie Gedanken lesen? Dann empfehlen wir, die Tipps und Tricks von unserem klugen Schaf nicht zu übersehen ...

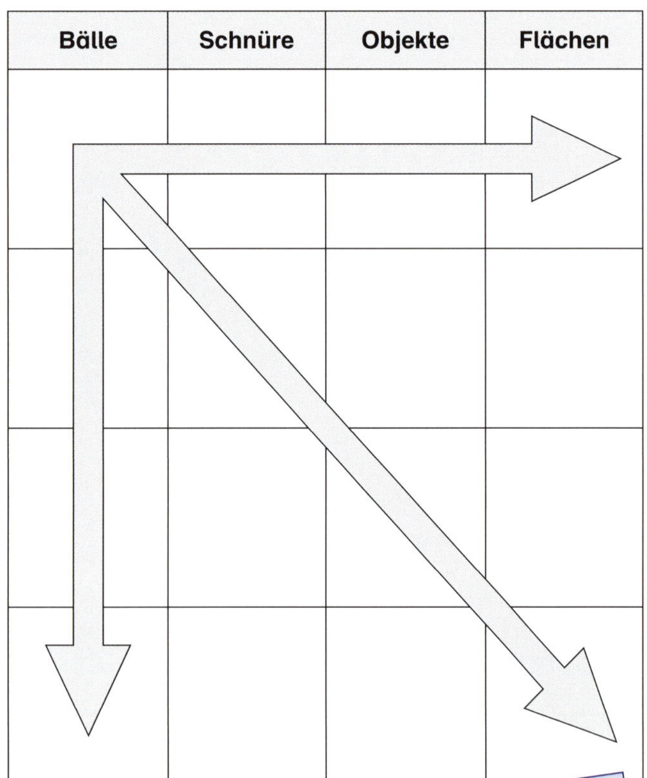

Unter dem Meer
Filzen eines Wandbehangs in kooperativer Gemeinschaftsarbeit
S. 73

Übersicht über die Unterrichtseinheiten

Bälle	Schnüre	Objekte	Flächen
Bunte Bälle Spielbälle mit Inhalt S. 36 	**Quirlige Schnüre** Vielseitige, unverbundene Schnüre S. 45 	**Handschmeichler** Umfilzte Steine S. 54 	**Vom Schaf, das seine Wolle verlor** Kleine Decke (+ Geschichte) S. 64 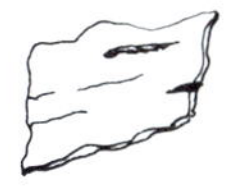
Klitzekleine Bälle Schmuck-Bälle S. 38 	**Ring, Reif und Schellenkranz** Geschlossene Schnüre S. 47 	**Krachmacher** Rasseln aus umfilzten Döschen S. 56 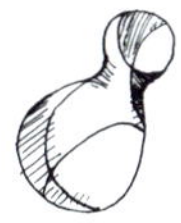	**Fantasiebilder** Bilder malen mit Wolle S. 66 
Bälle „auf Draht" Bälle als Kunstobjekte S. 40 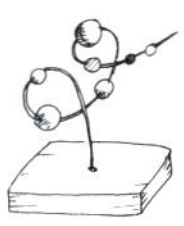	**Kraken und Ungeheuer** Bälle und Schnüre kombiniert S. 49 	**Alltägliche Kuriositäten** Umfilzte Gegenstände S. 58 	**Patchwork-Decke** Gemeinschafts-arbeit S. 68 
Mäuse und Ratten Figuren aus Bällen S. 43 	**Kunterbunte Knöpfe** Schnüre in Scheiben S. 52 	**Drahtige Objekte** Umfilzte Drahtgestelle S. 60 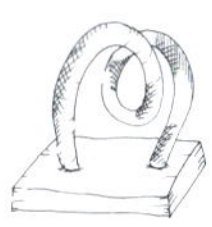	**Handytasche** Filzen mit einer Schablone S. 70 

Unter dem Meer

Filzen eines Wandbehangs in kooperativer Gemeinschaftsarbeit S. 73

Bunte Bälle: Spielbälle mit Inhalt

Zeit

Zur Durchführung benötigt man eine Einheit von 90 Minuten.

Material/Medien

- Rohwolle (pro Schüler eine Hand voll)
- Farbige Merinowolle
- Seifenlauge
- Essigwasser
- Automatte, 2 Schüsseln (siehe Arbeitsplatzeinrichtung, S. 10)
- Tennisbälle, Tischtennisbälle, Glöckchen, Luftballons mit Sand gefüllt etc.

Das Filzen eines Balles bedeutet für den Anfänger eine Auseinandersetzung mit dem gesamten Filz- und Walkprozess. Dabei steht das beidhändige Arbeiten im Vordergrund. Einen Ball mit Inhalt zu filzen ist einfacher, als einen Ball, der nur aus Wolle besteht, da er den Händen einen Widerstand bietet.

Methodische Anleitung

Zuerst wird eine Hand voll Rohwolle schichtweise um den Tennisball (oder andere Materialien) gelegt. Anschließend wird diese Kugel in die heiße Lauge getaucht. Dabei wird sie von den Händen fest umschlossen und gedrückt. Soll ein größerer Ball entstehen, legt man weitere gezupfte Rohwolle um den immer dicker werdenden Ball und taucht ihn dazwischen immer wieder in die Seifenlauge ein.

Wenn die gewünschte Ballgröße erreicht ist, legt man den Ball zur Seite, trocknet die Hände und zupft die gewählte farbige Wolle in feine Flöckchen. Diese werden sanft auf den Ball gedrückt und immer wieder mit einer Hand voll Lauge übergossen. Hierbei ist darauf zu achten, dass die Wolle auf dem Ball haften bleibt. Wenn die bunte Wolle komplett aufgelegt ist, heißt es aufpassen: Der Ball wird nun ganz sanft und vorsichtig zwischen beiden Händen gedrückt und gerieben („gestreichelt"). Dabei muss der Ball ständig mit Lauge begossen werden und heiß bleiben.

Mit der Zeit muss der Ball immer kräftiger gerollt, geknetet und gedrückt werden. Der Ball schrumpft dabei.

Der Ball ist fertig, wenn er hart und fest ist und sich die Fasern (Haare) miteinander zu einer festen Oberfläche verbunden haben.

Der fertige Ball wird mit klarem Wasser ausgespült, ausgedrückt und anschließend zum Trocknen weggelegt.

Arbeitsplan: Filzen von bunten Bällen

1	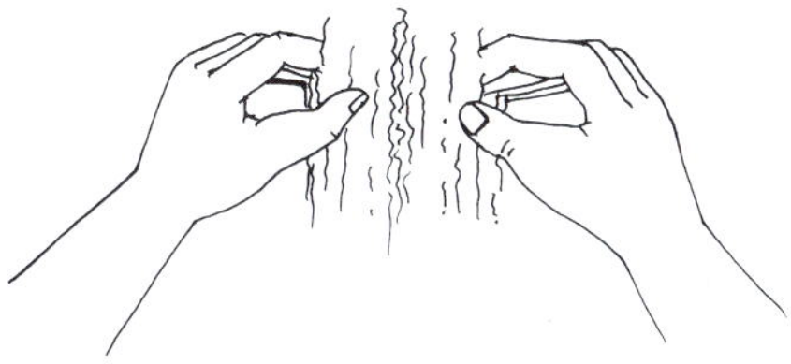	Zupfe Rohwolle und farbige Wolle in zwei verschiedene Schalen.
2	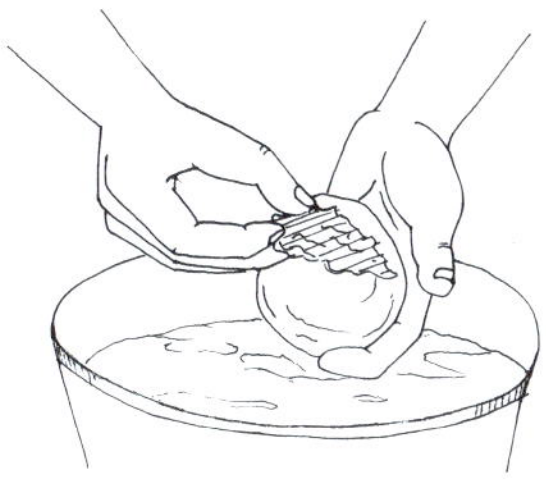	Lege die Rohwolle schichtweise um den Tennisball.
3	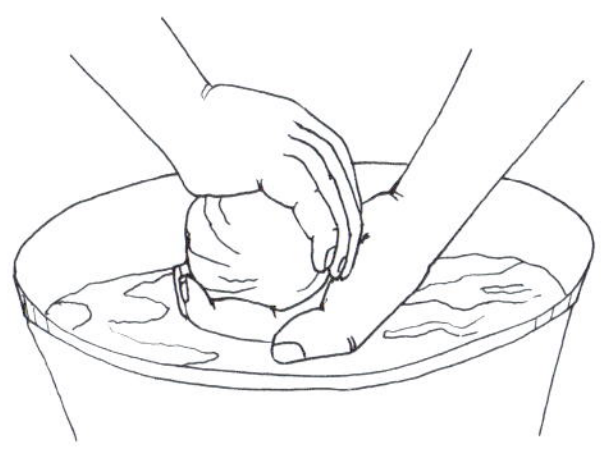	Tauche die Kugel vorsichtig in Seifenlauge. Halte sie dabei fest umschlossen in deiner Hand.
4	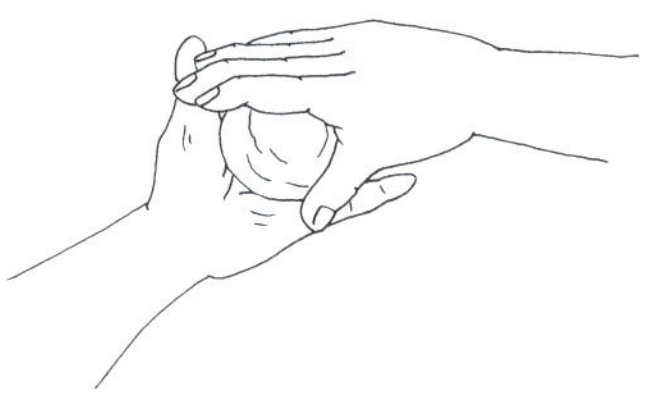	Wenn der Ball noch dicker werden soll, wiederhole Schritt 1 und Schritt 2. Lege ihn, wenn er groß genug ist, auf die Automatte.
5		Lege die farbigen Wollflocken rundherum auf den Ball. Drücke sie sanft an. Gieße nach jeder Wollflocke eine Hand voll Seifenlauge über den Ball.
6		Streichle, drücke und reibe den Ball in beiden Händen und auf der Automatte. Erst sanft, dann immer fester. Gib immer wieder Seifenlauge über den Ball.
7	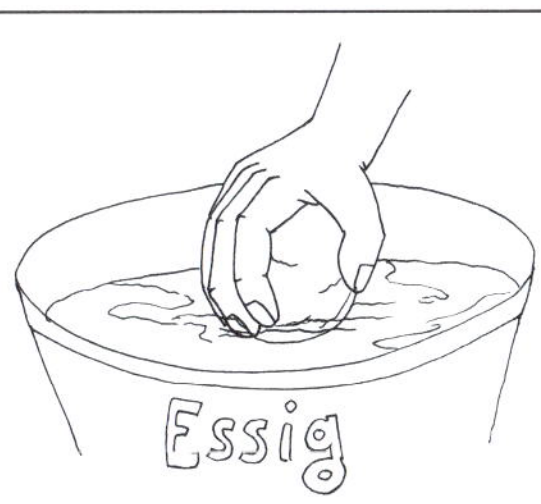	Der Ball ist fertig, wenn er hart und fest ist. Spüle den Ball in Essigwasser, drücke ihn aus und lasse ihn trocknen.

Klitzekleine Bälle: Schmuck-Bälle

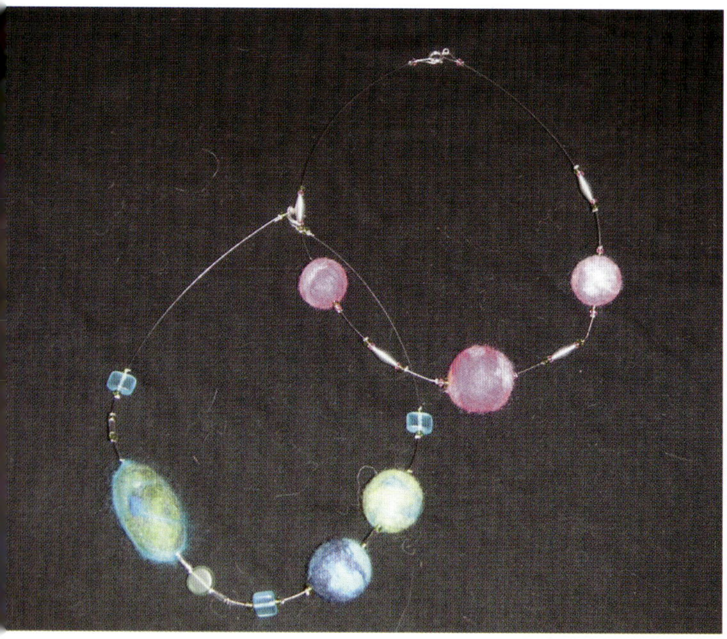

Zeit

Zur Durchführung benötigt man
zwei bis drei Einheiten von 90 Minuten.

Material/Medien

- Rohwolle
- Farbige Merinowolle
- Seifenlauge
- Automatte, 2 Schüsseln
  (siehe Arbeitsplatzeinrichtung, S. 10)
- Lederschnüre, Plastikschnüre, Wollschnüre, Drahtfaden
- Dicke Nadel, Zange oder Lochzange

Methodische Anleitung

Zuerst wird eine Hand voll Rohwolle zwischen den Händen zu einer Kugel geformt. Anschließend wird diese Kugel in die heiße Lauge getaucht. Dabei wird sie von den Händen fest umschlossen und gedrückt. Anschließend legt man die Kugel zur Seite, trocknet die Hände und zupft die gewählte farbige Wolle in feine Flöckchen. Diese werden auf die Kugel sanft angedrückt und immer wieder mit einer Hand voll Lauge übergossen. Hierbei ist darauf zu achten, dass die Wolle auf der Kugel haften bleibt.

Wenn die bunte Wolle komplett aufgelegt ist, heißt es aufpassen: Die Kugel wird nun ganz sanft und vorsichtig zwischen beiden Händen gedrückt und gerieben („gestreichelt"). Dabei muss die Kugel immer wieder mit Lauge begossen werden und heiß bleiben.

Mit der Zeit muss die Kugel immer kräftiger gerollt, geknetet und gedrückt werden. Die Kugel schrumpft dabei und wird zu einer kleinen Perle.

Die Perle ist fertig, wenn sie hart und fest ist und sich die Fasern (Haare) miteinander zu einer festen Oberfläche verbunden haben.

Die fertige Perle wird mit klarem Wasser ausgespült, ausgedrückt und anschließend zum Trocknen weggelegt.

Man fertigt nun die gewünschte Zahl Kugeln für die Kette an. Auch eine besonders schöne Perle kann als Einzelstück effektvoll sein! Je nach Dicke der Schnur werden die Perlen mit einer dicken Nadel durchstochen oder mit einer Lochzange durchbohrt (Keine Sorge: Das Material gibt ausreichend nach).

Arbeitsplan: Filzen von klitzekleinen Bällen

1	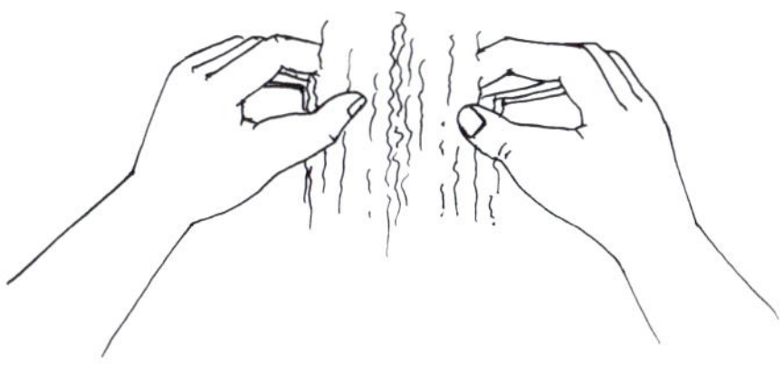	Zupfe Rohwolle und farbige Wolle in zwei verschiedene Schalen. Forme eine Hand voll Rohwolle zu einer Kugel.
2		Tauche die Kugel vorsichtig in Seifenlauge. Halte sie dabei fest umschlossen in der Hand. Lege die Kugel auf die Automatte.
3		Lege die farbigen Wollflocken rundherum auf die Kugel. Drücke sie sanft an. Gieße nach jeder Wollflocke eine Hand voll Seifenlauge über die Kugel.
4	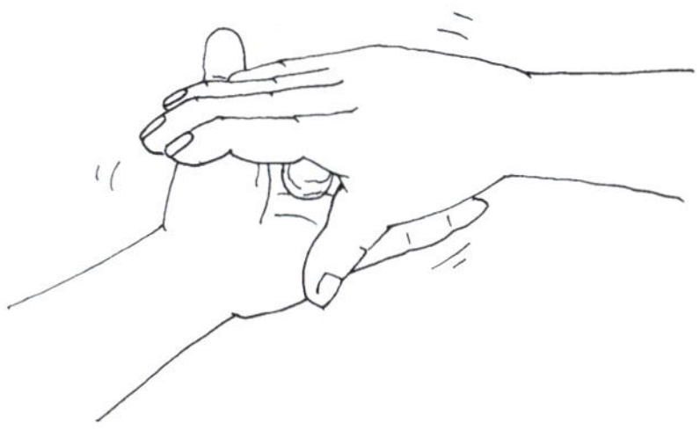	Streichle, drücke und reibe die Kugel in beiden Händen. Erst sanft, dann immer fester. Gib immer wieder Seifenlauge über die Kugel.
5	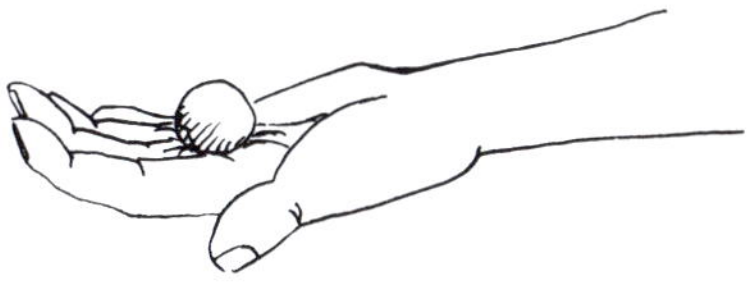	Die Kugel ist fertig, wenn sie hart und fest ist. Spüle die Kugel mit klarem Wasser, drücke sie aus und lasse sie trocknen.

Bälle „auf Draht“: Bälle als Kunstobjekte

Zeit

Zur Durchführung benötigt man eine Einheit von 90 Minuten.

Material/Medien

- Rohwolle
- Farbige Merinowolle
- Seifenlauge
- Automatte, 2 Schüsseln
  (siehe Arbeitsplatzeinrichtung, S. 10)
- stabiler, aber biegbarer Draht
- Holzplatten mit Löchern in Drahtdicke
- Heißklebepistole oder Holzleim
- Lochzange oder Bohrer

Methodische Anleitung

Das Filzobjekt entsteht in zwei Arbeitsschritten. Zunächst werden Kugeln in verschiedenen Größen hergestellt.

Eine Hand voll Rohwolle wird zwischen den Händen zu einer Kugel geformt. Anschließend wird diese Kugel in die heiße Lauge getaucht. Dabei wird sie von den Händen fest umschlossen und gedrückt. Anschließend legt man die Kugel zur Seite, trocknet die Hände und zupft die gewählte farbige Wolle in feine Flöckchen. Diese werden sanft auf die Kugel angedrückt und immer wieder mit einer Hand voll Lauge übergossen. Hierbei ist darauf zu achten, dass die Wolle auf der Kugel haften bleibt. Wenn die bunte Wolle komplett aufgelegt ist, heißt es aufpassen: Die Kugel wird nun ganz sanft und vorsichtig zwischen beiden Händen gedrückt und gerieben („gestreichelt“). Dabei muss die Kugel immer wieder mit Lauge begossen werden und heiß bleiben.

Mit der Zeit muss die Kugel immer kräftiger gerollt, geknetet und gedrückt werden.

Die Kugel ist fertig, wenn sie hart und fest ist und sich die Fasern (Haare) miteinander zu einer festen Oberfläche verbunden haben. Die fertige Kugel wird mit klarem Wasser ausgespült, ausgedrückt und anschließend zum Trocknen weggelegt. Man fertigt nun die gewünschte Zahl Kugeln für das Filzobjekt an.

Im zweiten Schritt wird aus dem Draht eine interessante Form gebogen. Die fertigen Kugeln werden darauf „aufgefädelt“. Eventuell müssen die Kugeln zuvor mit Hilfe einer Lochzange oder mit einem Bohrer durchbohrt werden. Die Anordnung der Kugeln bleibt dem individuellen Empfinden des Schülers überlassen.

Ein Ende des Drahtes wird zum Schluss auf der Holzplatte befestigt. Dazu wird in das vorgebohrte Loch etwas Heißkleber gegeben und das Ende des Drahtes in das Loch gesteckt.

Eine schöne Variante ergibt sich, wenn sich in der Platte zwei Löcher befinden und beide Drahtenden befestigt werden.

Eine Gemeinschaftsarbeit entsteht, wenn mehrere Drahtobjekte auf einer größeren Platte angeordnet werden.

Arbeitsplan 1: Filzen von Bällen „auf Draht"

1	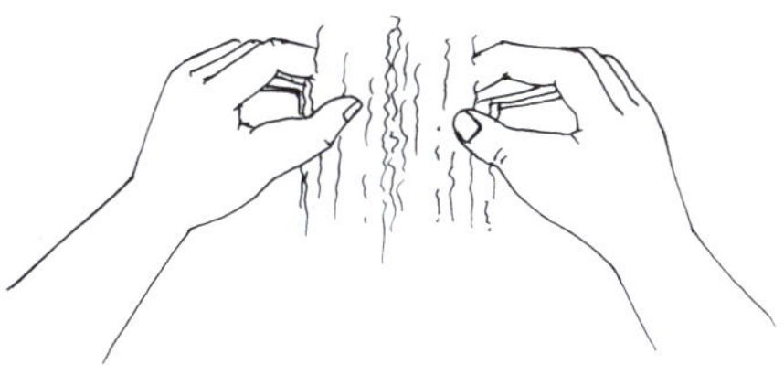	Zupfe Rohwolle und farbige Wolle in zwei verschiedene Schalen. Nimm die Rohwolle und rolle sie zu einem Strang. Verknote ihn in der Mitte und schlage die Enden ein.
2		Tauche die Kugel vorsichtig in Seifenlauge. Halte sie dabei fest umschlossen in der Hand. Lege die Kugel auf die Automatte.
3		Lege die farbigen Wollflocken rundherum auf die Kugel. Drücke sie sanft an. Gieße nach jeder Wollflocke eine Hand voll Seifenlauge über die Kugel.
4	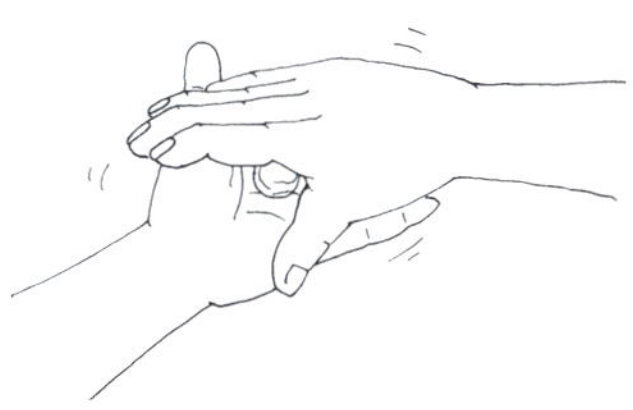	Streichle, drücke und reibe die Kugel in beiden Händen. Erst sanft, dann immer fester. Gib immer wieder Seifenlauge über die Kugel.
5	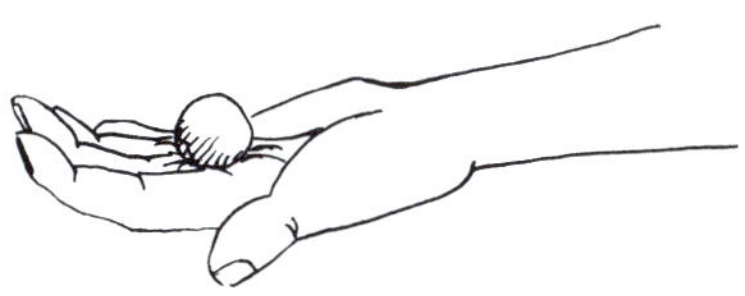	Die Kugel ist fertig, wenn sie hart und fest ist. Spüle die Kugel mit klarem Wasser, drücke sie aus und lasse sie trocknen.
6		Arbeite jetzt nach dem Arbeitsplan 2 weiter.

Arbeitsplan 2: Filzen von Bällen „auf Draht"

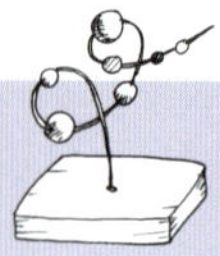

7	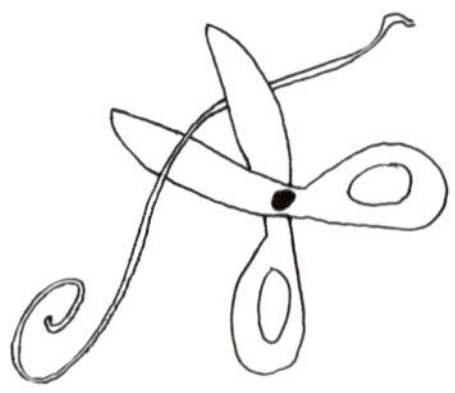	Schneide ein Stück Draht ab.
8	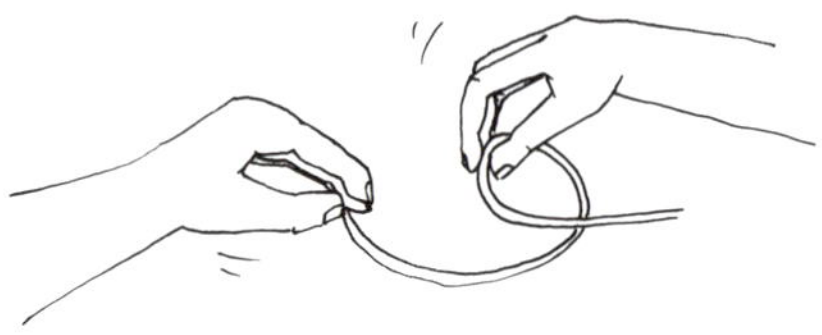	Biege den Draht zu einer interessanten Form. Denke daran, dass die Kugeln darauf geschoben werden müssen.
9	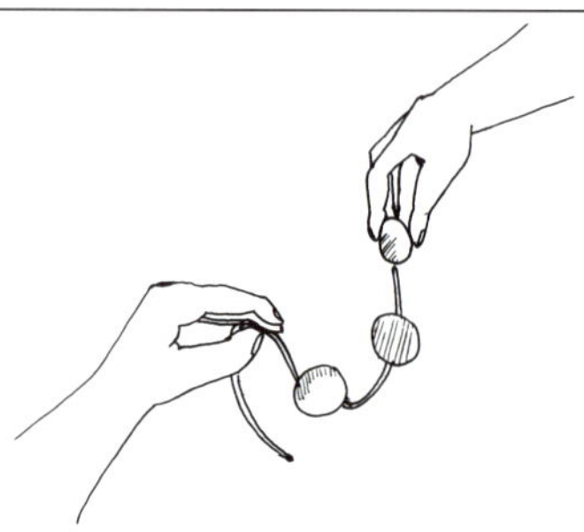	Schiebe deine Filzkugeln auf den Draht.
10	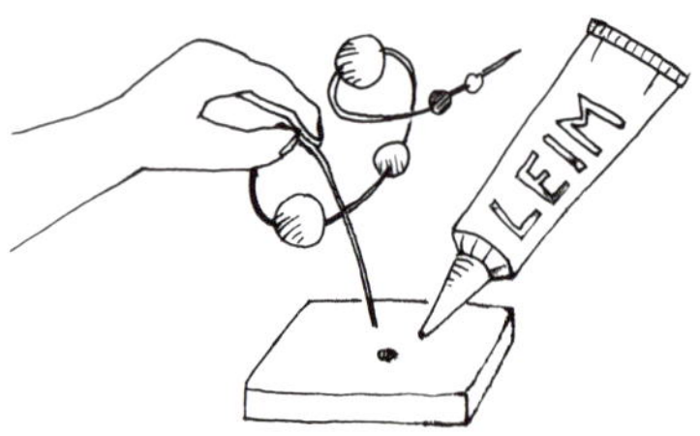	Befestige ein oder beide Drahtenden in den Löchern der Holzplatte mit Holzleim oder Kleber.

Mäuse und Ratten: Figuren aus Bällen

Zeit

Zur Durchführung benötigt man eine Einheit von 90 Minuten.

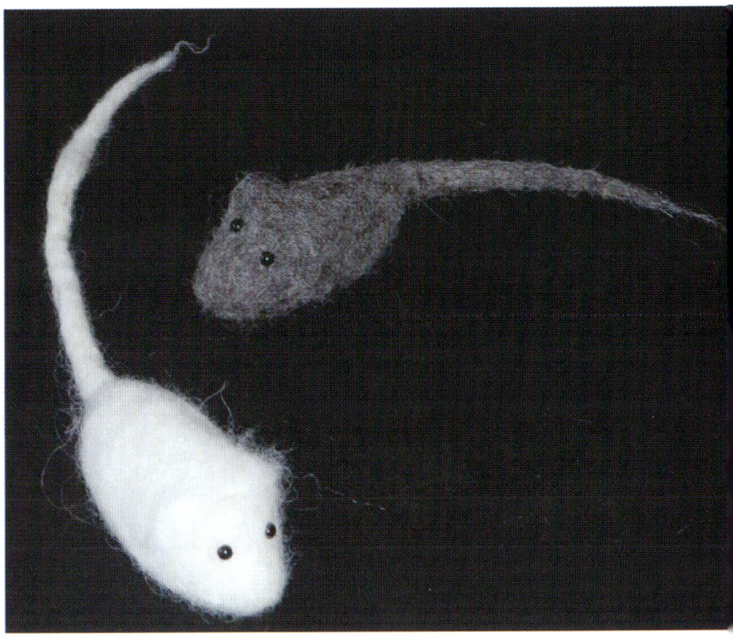

Material/Medien

- Rohwolle (Kardenband in grau, braun etc.)
- Seifenlauge
- Essigwasser
- Automatte, 2 Schüsseln
  (siehe Arbeitsplatzeinrichtung, S. 10)
- Kleine Perlen („Mäuseaugen“)
- Flüssigklebstoff

Methodische Anleitung

Man beginnt mit dem Schwanz. Dazu taucht man einen Streifen Kardenband in die Lauge und reibt ihn zwischen beiden Händen hin und her. An einer Seite des Schwanzes muss ein trockenes Büschel Wolle übrig bleiben. Um dieses trockene Büschel herum legt man kreuz und quer mehrere Streifen Kardenband und bearbeitet sie wie einen Ball (siehe Seite 36).

Diesen Ball taucht man mit dem Schwanz immer wieder in die heiße Lauge und formt den Ball in den Händen. Nase und Ohren müssen dabei herausgezogen und zwischen Daumen und Zeigefinger geformt werden.

Die Maus wird so lange gerieben, bis sie hart und fest ist.

Die Augen der Maus entstehen durch das Aufkleben feiner schwarzer Perlen.

Arbeitsplan: Filzen von Mäusen und Ratten

1	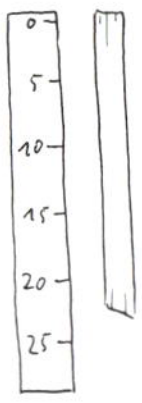	Miss ein Stück farbiges Kardenband ab. Es muss mindestens 20 cm lang sein. Lege dir noch weitere kürzere Kardenbänder zurecht.
2	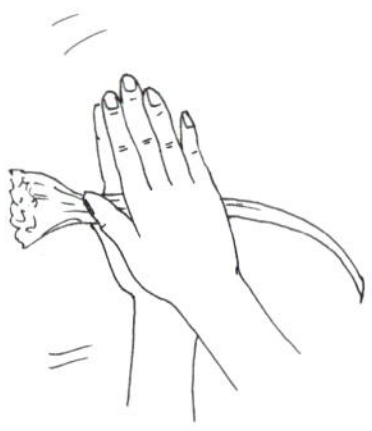	Beginne mit dem Schwanz. Tauche dazu eine Seite des Kardenbandes in die Seifenlauge und reibe sie zwischen beiden Händen hin und her. Die andere Seite bleibt trocken.
3	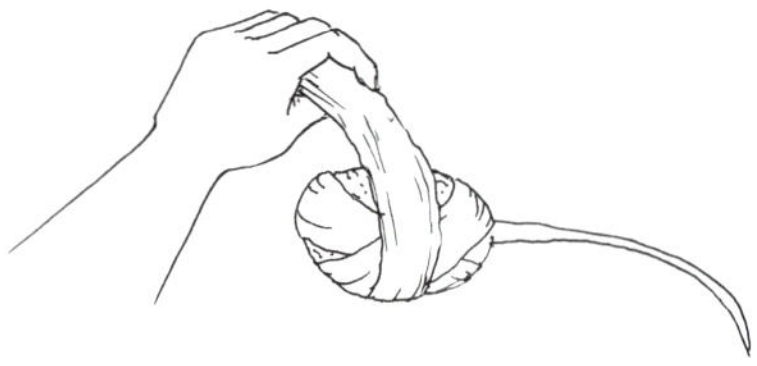	Lege nun um die trockene Seite kreuz und quer die kurzen Streifen Kardenband, so dass ein Ball entsteht. Das wird der Körper.
4		Drücke die Streifen sanft an. Gieße nach jedem Streifen eine Hand voll Seifenlauge über den Ball.
5	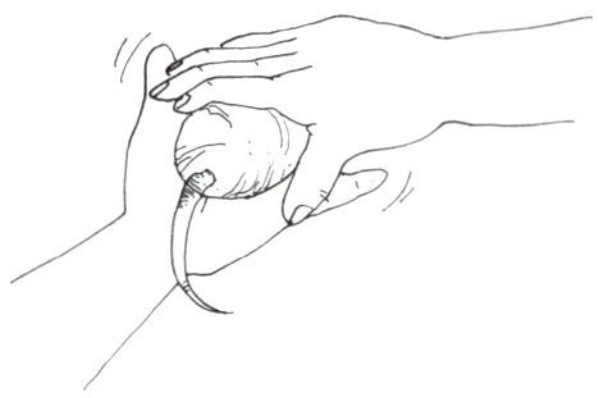	Streichle, drücke und reibe den Ball in beiden Händen. Erst sanft, dann immer fester. Gib immer wieder Seifenlauge über den Ball.
6	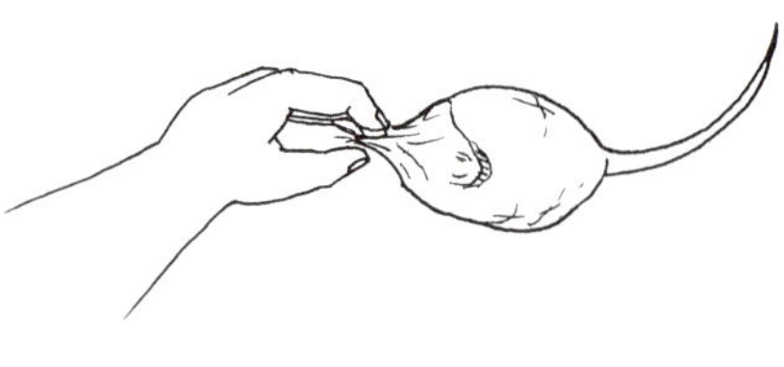	Ziehe für die Ohren und die Nase vorsichtig Wollfasern heraus und reibe sie zwischen Daumen und Zeigefinger. Dann reibe die ganze Maus fest.
7		Die Maus ist fertig, wenn alle Teile (Körper, Schwanz, Ohren, Nase) hart und fest sind. Spüle die Maus mit Essigwasser, drücke sie aus und lasse sie trocknen.
8	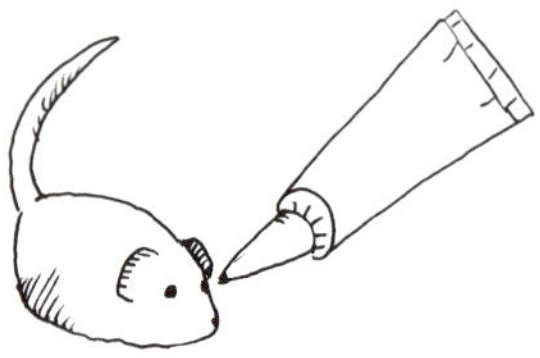	Klebe der trockenen Maus Perlen als Augen auf.

Quirlige Schnüre: Vielseitige, unverbundene Schnüre

Zeit

Zur Durchführung benötigt man eine Einheit von 90 Minuten.

Material/Medien

- Farbige Merinowolle
- Seifenlauge
- Essigwasser
- Automatte, 1 Schüssel
  (siehe Arbeitsplatzeinrichtung, S. 10)

Methodische Anleitung

Um eine dicke Schnur zu filzen, nimmt man einen bunten Strang Merinowolle in der gewünschten Länge. Dieser wird in heiße Seifenlauge getaucht. Dann wird das überschüssige Wasser ausgestrichen.

Zunächst wird die Oberfläche der Schnur sanft bearbeitet. Dazu wird die Schnur auf die Automatte gelegt und rollend unter der ganzen Handfläche hin und her bewegt. Wenn sich die Fasern bereits leicht verbunden haben, kann mit dem Walken begonnen werden.

Beim Walken wird die Schnur mehrmals zusammengelegt und kräftig auf der Automatte hin- und hergerollt. Die Oberfläche der Automatte sowie das Zusammenlegen der Schnur verstärken die Reibung beim Walkprozess.

Mehrfarbige Schnüre werden hergestellt, indem man verschiedenfarbige Stränge im trockenen Zustand ineinander legt. Dabei müssen die Verbindungspunkte vorher etwas auseinander gezogen werden.

Bei der Bearbeitung müssen die Verbindungsstellen zuerst angefilzt werden.

Fertige Filzschnüre eignen sich wunderbar zum Erlernen von Knoten und Schleifen, zum Flechten und für viele Hüpf- und Fadenspiele.

Viele bunte kleinere Schnüre um ein Haargummiband gezogen werden zu einem tollen Haarschmuck.

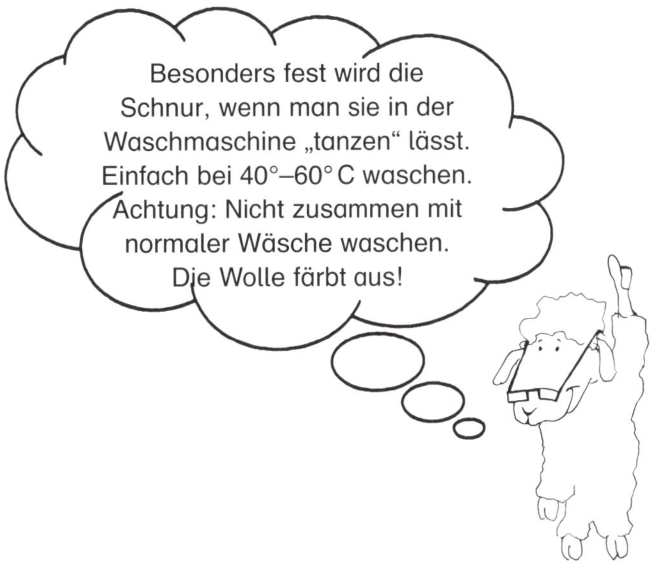

Arbeitsplan: Filzen von Schnüren

1	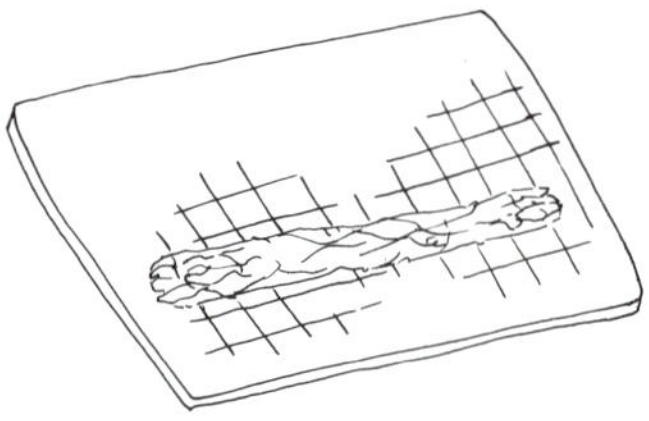	Lege einen ausgewählten Strang Wolle in der gewünschten Länge auf die Matte.
2		Rolle den Strang mit trockenen Händen.
3		Tauche den Strang vorsichtig in Seifen-lauge.
4	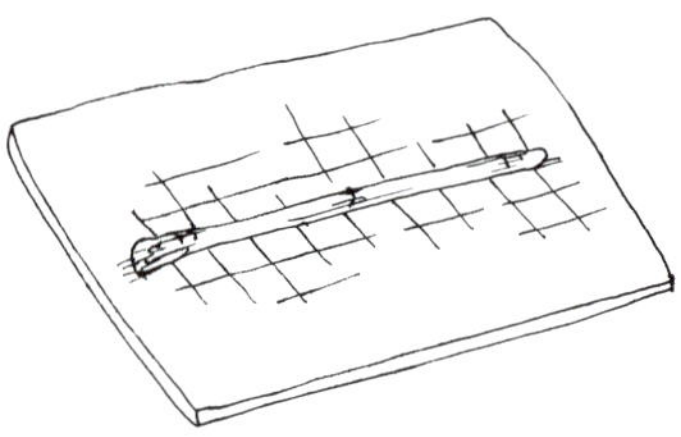	Drücke den Strang vorsichtig aus und lege ihn auf die Automatte.
5		Streichle, drücke und reibe den Strang mit beiden Händen und auf der Automatte. Erst sanft, dann immer fester. Gib immer wieder Seifenlauge über den Strang.
6	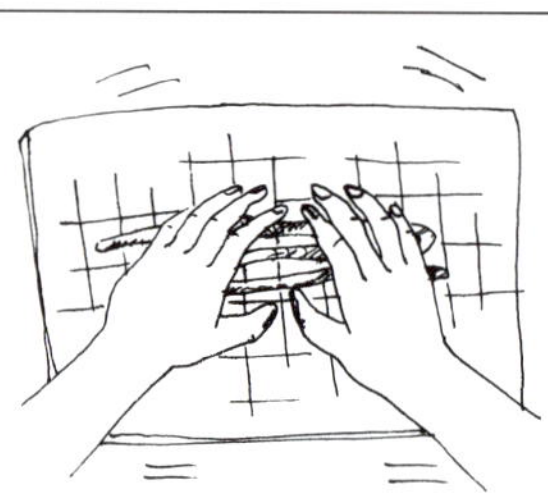	Wenn die Schnur fester geworden ist, lege sie zusammen und rolle sie fest über die Automatte.
7		Die Schnur ist fertig, wenn sie sich fest anfühlt. Spüle die Schnur in Essigwasser, drücke sie aus und lasse sie trocknen.

Ring, Reif und Schellenkranz: Geschlossene Schnüre

Zeit

Zur Durchführung benötigt man eine Einheit von 90 Minuten.

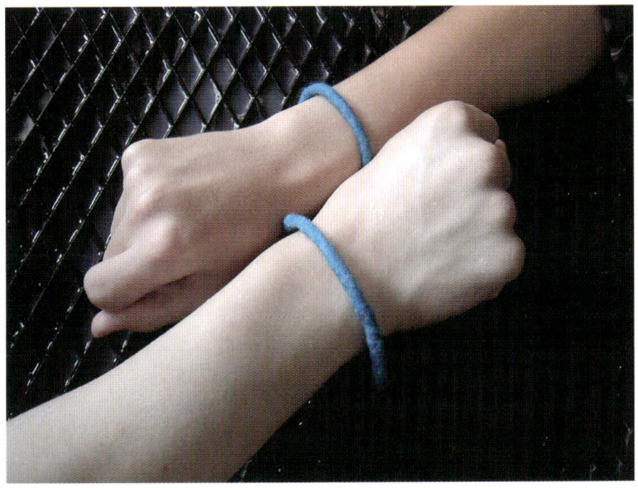

Material/Medien

- Rohwolle als Kardenband
- Farbige Merinowolle
- Seifenlauge
- Essigwasser
- Automatte, 2 Schüsseln (siehe Arbeitsplatzeinrichtung, S. 10)
- Glöckchen (für Schellenkranz)
- Festes Nähgarn, Nadel

Methodische Anleitung

Um einen Reifen herzustellen, wickelt man zunächst das Kardenband mehrfach locker um die Hand. Der Daumen sollte mit eingewickelt werden.

So entsteht ein loser Ring, der vorsichtig in die Seifenlauge getaucht wird. Die überschüssige Lauge wird leicht ausgedrückt und der Ring auf die Automatte gelegt.

Mit trockenen Händen werden nun feine Flocken Merinowolle gezupft und kreuzweise auf den Ring gelegt. Die Flocken werden auf den Ring sanft angedrückt, so dass sie auf ihm haften bleiben. Der Ring wird immer wieder mit einer Hand voll Lauge übergossen.

Befindet sich genug farbige Wolle auf dem Ring, kann mit dem Anfilzen begonnen werden. Dazu wird der Ring lose mit der ganzen Handfläche auf der Automatte hin- und herbewegt oder aber in der Hand Stück für Stück geknetet und gerollt. Dabei muss darauf geachtet werden, dass die Ringform in sich bestehen bleibt.

Mit der Zeit muss der Ring immer kräftiger bearbeitet werden. Wahlweise kann dies auf der Matte oder zwischen den Händen geschehen. Fühlt sich der Ring fest genug an und die Fasern haben sich zu einer Oberfläche verbunden, wird er ausgewaschen und zum Trocknen beiseite gelegt.

Zur Fertigstellung eines Schellenkranzes werden die Glöckchen angenäht.

Arbeitsplan: Filzen von Ring, Reif und Schellenkanz 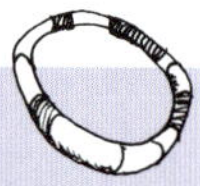

1	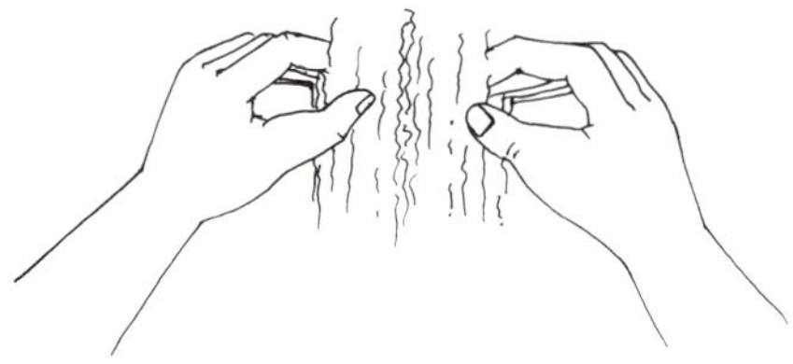	Zupfe farbige Wolle in eine Schale. Wickle danach einen Streifen Kardenband mehrmals locker um deine Hand.
2		Tauche den Ring vorsichtig in Seifenlauge.
3	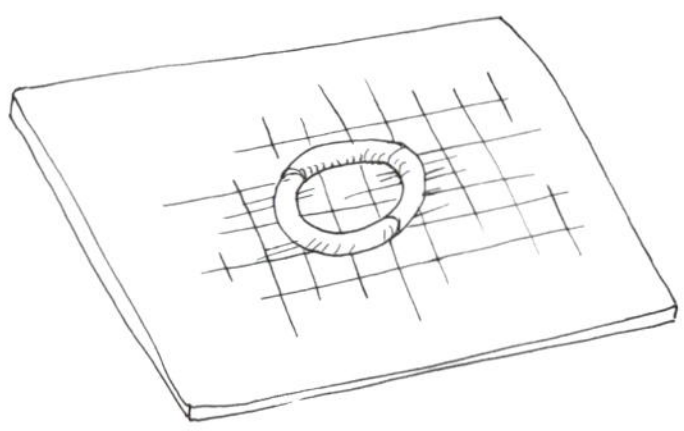	Drücke den Ring vorsichtig aus und lege ihn auf die Automatte.
4	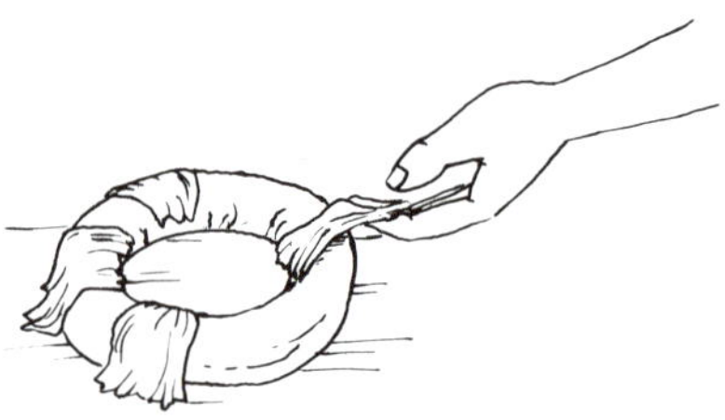	Lege die farbigen Wollflocken kreuzweise auf den Ring.
5		Drücke die Wollflocken sanft an. Gieße nach jeder Wollflocke eine Hand voll Seifenlauge über den Ring.
6		Streichle, drücke und reibe den Ring in beiden Händen und auf der Automatte. Erst sanft, dann immer fester. Gib immer wieder Seifenlauge über den Strang.
7		Der Ring ist fertig, wenn er sich fest anfühlt. Spüle den Ring in Essigwasser, drücke ihn aus und lasse ihn trocknen.

Kraken und Ungeheuer: Bälle und Schnüre kombiniert

Zeit

Zur Durchführung benötigt man eine Einheit von 90 Minuten.

Material/Medien

- Rohwolle als Kardenband
- Farbige Merinowolle
- Seifenlauge
- Essigwasser
- Automatte, 2 Schüsseln (siehe Arbeitsplatzeinrichtung, S. 10)
- Perlen für die Augen
- Festes Nähgarn, Nadel

Methodische Anleitung

Zunächst wird ein faustgroßer loser Ball aus Rohwolle bzw. Kardenband gefilzt (siehe Seite 36). Zur Herstellung der Arme benötigt man sechs Stränge farbiges Kardenband von mindestens 50 cm. Einer dieser Stränge in der gewünschten Kopffarbe wird in kleine Flocken gezupft und beiseite gelegt. Zusätzlich wird ein weiterer 20 cm langer und dünner Strang in der gleichen Farbe benötigt.

Die fünf langen Stränge werden nacheinander kreuzweise über den Ball gelegt, so dass aus jedem Strang zwei gleichlange Arme entstehen. Dabei muss darauf geachtet werden, dass jeder Arm, sobald er über den Ball gelegt wurde, in die heiße Seifenlauge getaucht und sanft ausgedrückt wird („anfilzen“).

Wenn alle Arme so bearbeitet worden sind, werden sie mit dem dünnen, in sich gedrehten Wollstrang, der um den Hals des Kraken gewickelt wird, am Kopf fixiert. Die bereits gezupften Flocken werden auf dem Kopf verteilt und immer wieder angestrichen. Im Halsbereich muss der verdrehte Wollstrang gut überfilzt werden. Nun kann man mit dem Walken beginnen.

Hierzu werden die Arme in ein Handtuch gewickelt und auf der Automatte kräftig gerollt. Der Kopf des Kraken muss immer wieder mit den Händen bearbeitet werden und seine Form behalten.

Die Augen des Kraken entstehen durch das Annähen von zwei schwarzen Perlen.

Arbeitsplan 1: Filzen von Kraken und Ungeheuern 

1	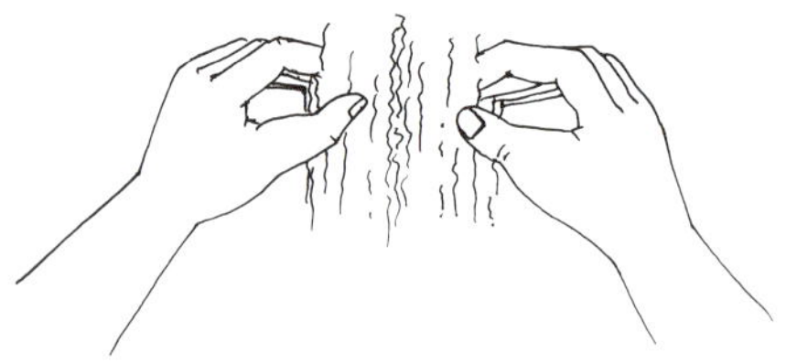	Zupfe Rohwolle in kleine Flocken.
2	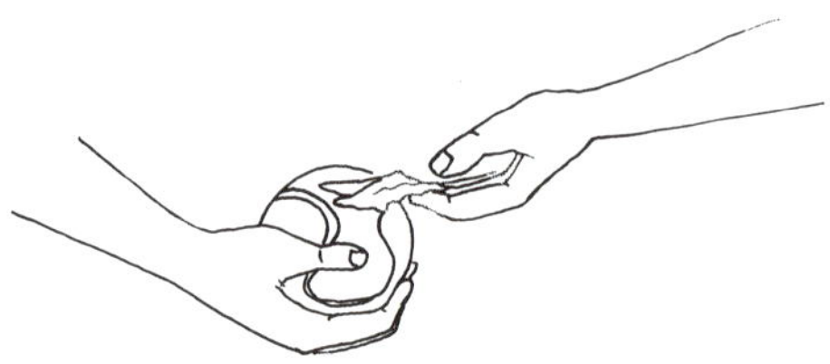	Lege die Rohwolle schichtweise um den Tennisball.
3	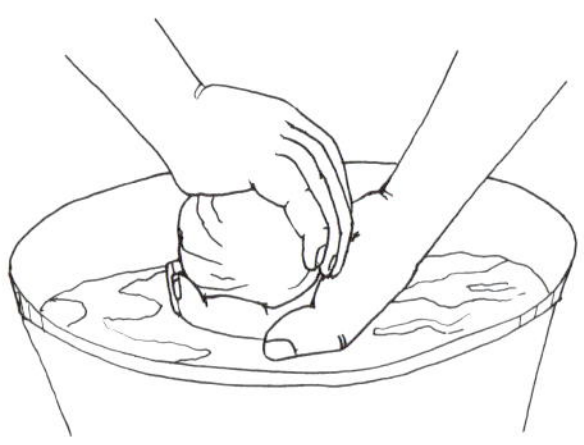	Tauche die Kugel vorsichtig in Seifenlauge. Halte sie dabei fest umschlossen in der Hand.
4	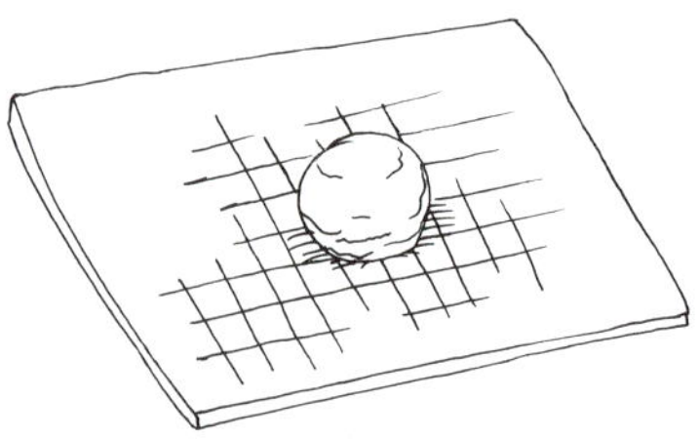	Wenn dein Ball noch dicker werden soll, wiederhole Schritt 1 und Schritt 2. Lege ihn auf die Automatte, wenn er groß genug ist.
5	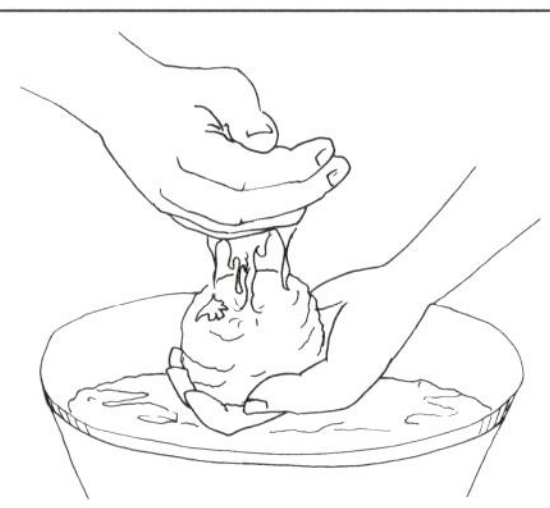	Lege die farbigen Wollflocken rundherum auf den Ball. Drücke sie sanft an. Gieße nach jeder Wollflocke eine Hand voll Seifenlauge über den Ball.
6	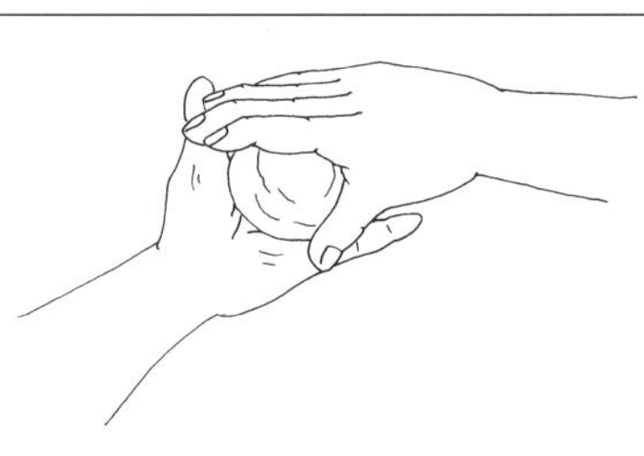	Streichle, drücke und reibe den Ball in beiden Händen. Erst sanft, dann ein wenig fester. Gib immer wieder Seifenlauge über den Ball.
7		Der Ball ist fertig, wenn er locker zusammenhält. Arbeite jetzt nach Arbeitsplan 2 weiter.

Arbeitsplan 2: Filzen von Kraken und Ungeheuern

8	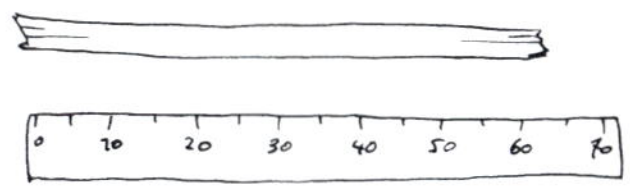	Miss 6 Stränge farbiges Kardenband ab, die jeweils mindestens 50 cm lang sind. Miss noch einen 20 cm kurzen, dünnen Strang ab.
9	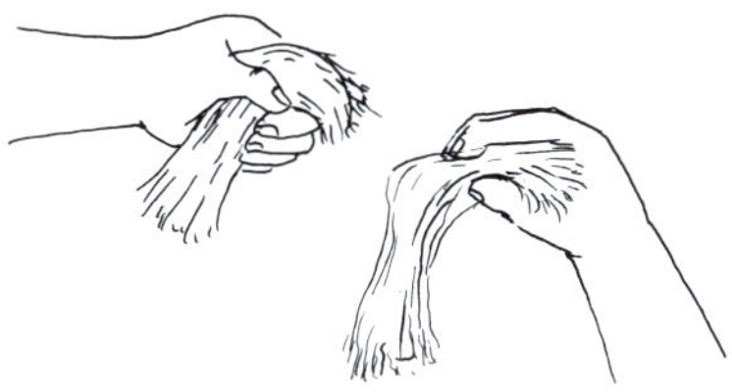	Zupfe einen langen Strang (für den Kopf) in eine Schale.
10		Lege die 5 anderen langen Stränge kreuz und quer über den Ball, so dass gleichlange Arme entstehen. Tauche den Ball nach jedem Strang in Seifenlauge und drücke ihn sanft an.
11		Tauche jeden Strang (Arm) in heiße Seifenlauge und drücke ihn sanft aus.
12		Wickle den kurzen Strang Wolle um den Hals des Kraken, so dass alle Arme fest am Ball anliegen.
13		Lege die Wollflocken rundherum auf den Ball. Drücke sie sanft an. Gieße nach jeder Wollflocke eine Hand voll Seifenlauge über den Ball.
14	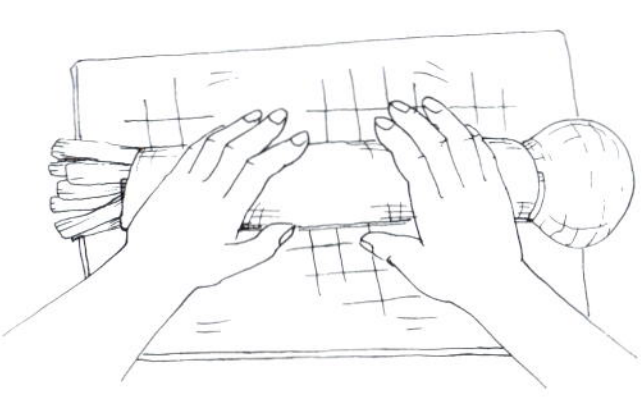	Lege die Wollarme in ein Handtuch und rolle sie auf der Automatte kräftig hin und her. Reibe den Wollkopf kräftig in beiden Händen.
15		Der Krake ist fertig, wenn Kopf und Beine sich fest anfühlen. Spüle den Kraken mit Essigwasser, drücke ihn aus und lasse ihn trocknen.

Kunterbunte Knöpfe: Schnüre in Scheiben

Zeit

Zur Durchführung benötigt man eine Einheit von 90 Minuten.

Material/Medien

- Farbige Merinowolle
- Seifenlauge
- Automatte, 2 Schüsseln
  (siehe Arbeitsplatzeinrichtung, S. 10)
- Messer, Schere

Methodische Anleitung

Die Schüler wählen zwei verschiedenfarbige Wollstränge aus. Zuerst wird eine Fläche mit einer Farbe dicht ausgelegt, indem die Schüler die Wolle fein zupfen und schuppenartig wie „Dachziegel" anordnen. Die zweite Farbe wird anschließend quer darüber ausgelegt (siehe Seite 29). Die Fläche wird mit Hilfe des Wäschesprenklers mit heißer Seifenlauge begossen. Anschließend wird die Fläche eingerollt. Diese Filzrolle wird zunächst sehr lose auf der Automatte hin- und herbewegt und anschließend immer kräftiger bearbeitet. Dabei ist darauf zu achten, dass die Rolle mit den Händen von außen nach innen, also zur Mitte hin bearbeitet wird. Die Rolle soll sich fest anfühlen.

Die fertig gefilzte Schnur wird gründlich ausgewaschen und getrocknet.

Je nach Dicke der bunten Filzschnur werden Scheiben mit der Schere oder einem scharfen Küchenmesser geschnitten. Die Dicke der einzelnen Scheiben hängt vom Verwendungszweck ab.

Variante:

Zuerst wird eine einfarbige Schicht Wollfasern ausgelegt. Die nächste Schicht besteht aus mehreren verschiedenen Farbstreifen. Nun werden zwei gedrehte Wollstränge mit einer Länge, die der Breite der ausgelegten Fläche entspricht, auf die Fläche gelegt. Das Ganze wird mit heißer Seifenlauge besprenkelt, anschließend wie eine Roulade aufgerollt und wie oben weiterbearbeitet.

Aus den fertigen Scheiben können Ketten, Schlüsselanhänger, Broschen und Knöpfe hergestellt werden.

Arbeitsplan: Filzen von kunterbunten Knöpfen

1	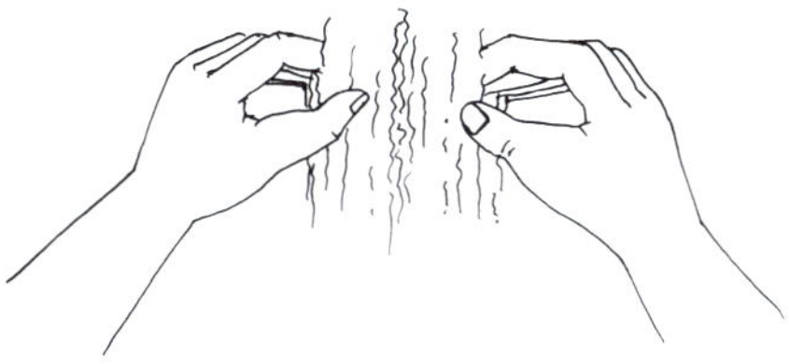	Zupfe zwei verschieden bunte Wollstränge in zwei Schalen.
2	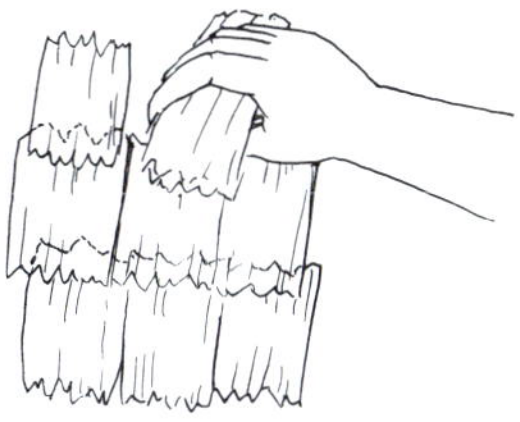	Nimm eine Farbe und lege die Wollflocken „wie Dachziegel“ aus.
3	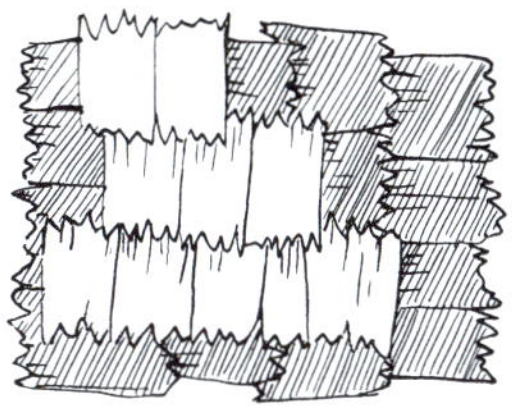	Lege die zweite Schicht mit der anderen Farbe „wie Dachziegel“ quer darüber.
4		Besprenkle die Wolle vorsichtig mit Seifenlauge.
5	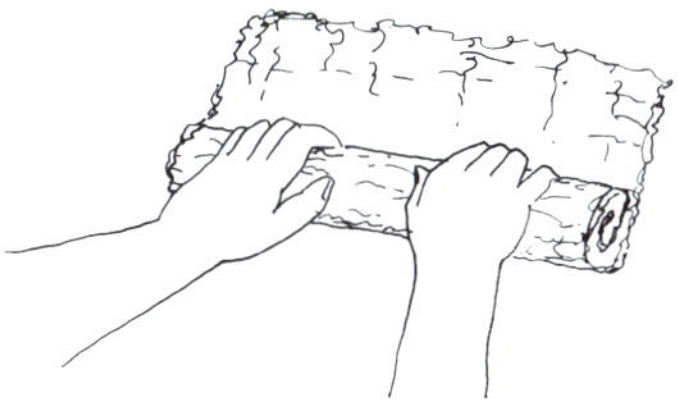	Rolle die Fläche zu einer Filzrolle ein.
6	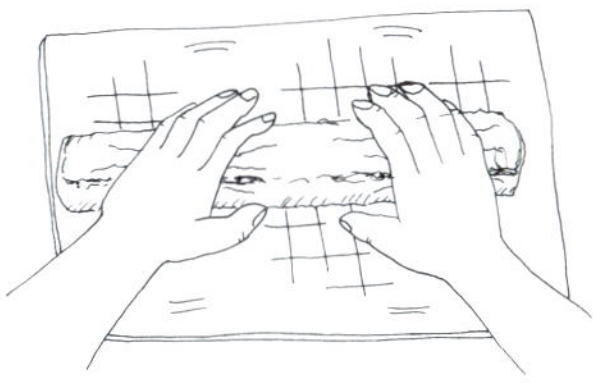	Rolle die Filzrolle auf der Automatte mit beiden Händen hin und her. Erst sanft, dann immer fester. Die Hände bewegen sich immer von außen zur Mitte der Rolle hin.
7		Die Rolle ist fertig, wenn sie sich fest anfühlt. Spüle die Rolle mit klarem Wasser und lasse sie trocknen.
8	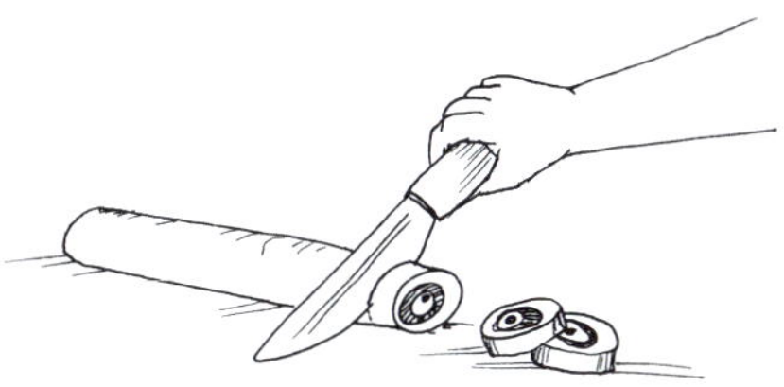	Schneide die trockene Filzrolle mit einem Messer oder einer Schere in Scheiben.

Handschmeichler: Umfilzte Steine

Zeit

Zur Durchführung benötigt man eine Einheit von 90 Minuten.

Material/Medien

- Rohwolle
- Farbige Merinowolle
- Seifenlauge
- Automatte, 2 Schüsseln (siehe Arbeitsplatzeinrichtung, S. 10)
- einen schön geformten Stein

Methodische Anleitung

Zuerst wird eine Hand voll Rohwolle um den Stein gelegt. Der Stein wird nun zusammen mit der Wolle in die heiße Lauge getaucht. Dabei wird er von den Händen fest umschlossen und gedrückt.

Danach legt man den wollenen Stein zur Seite, trocknet die Hände und zupft die ausgewählte farbige Wolle in feine Flöckchen. Diese werden sanft auf dem Stein angedrückt und immer wieder mit einer Hand voll Lauge übergossen. Hierbei ist darauf zu achten, dass die Wollflöckchen auf der unteren Lage Wolle haften bleiben. Wenn die bunte Wolle komplett aufgelegt ist, heißt es aufpassen: Die Kugel wird nun sanft zwischen beiden Händen gedrückt und gerieben („gestreichelt"). Dabei muss der Handschmeichler immer wieder mit Lauge begossen werden und heiß bleiben.

Mit der Zeit muss der Handschmeichler immer kräftiger gerollt, geknetet und gedrückt werden. Bald haben sich die Fasern (Haare) miteinander zu einer festen Oberfläche verbunden und es ist nichts mehr vom Stein zu sehen.

Der fertige Handschmeichler wird mit klarem Wasser ausgespült, ausgedrückt und anschließend zum Trocknen weggelegt.

So wird aus einem harten, kalten Stein ein angenehm warmer Handschmeichler.

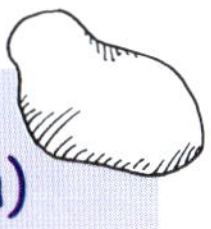

Arbeitsplan: Filzen eines Handschmeichlers (Unterlage: Stein)

1	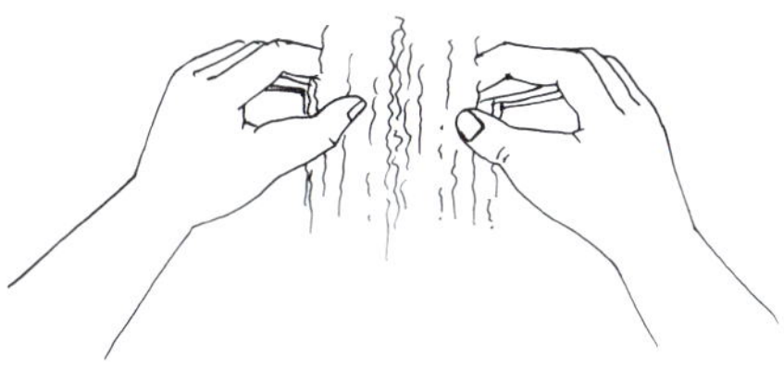	Zupfe Rohwolle und farbige Wolle in zwei verschiedene Schalen.
2		Lege die Rohwolle schichtweise um den Stein.
3	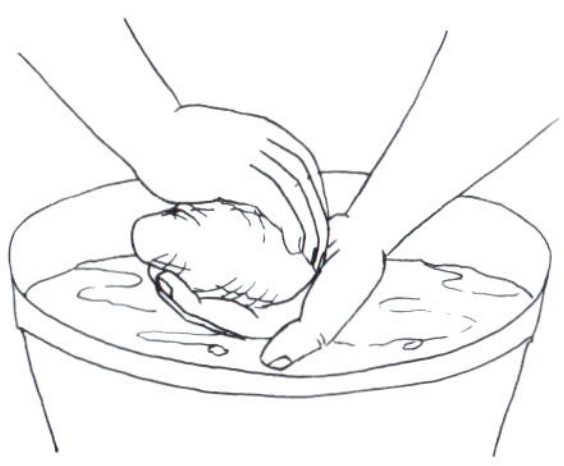	Tauche den Stein vorsichtig in Seifenlauge. Halte ihn dabei fest umschlossen in der Hand.
4	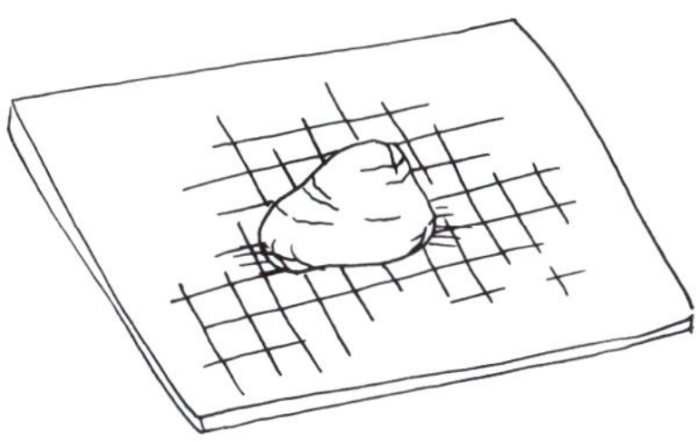	Wenn der Stein noch dicker werden soll, wiederhole Schritt 1 und Schritt 2. Lege ihn, wenn er groß genug ist, auf die Automatte.
5	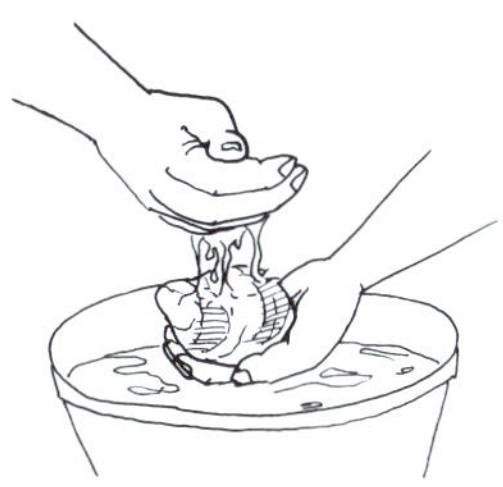	Lege die farbigen Wollflocken rundherum auf den Stein. Gieße nach jeder Wollflocke eine Hand voll Seifenlauge über den Stein. Drücke sie sanft an.
6	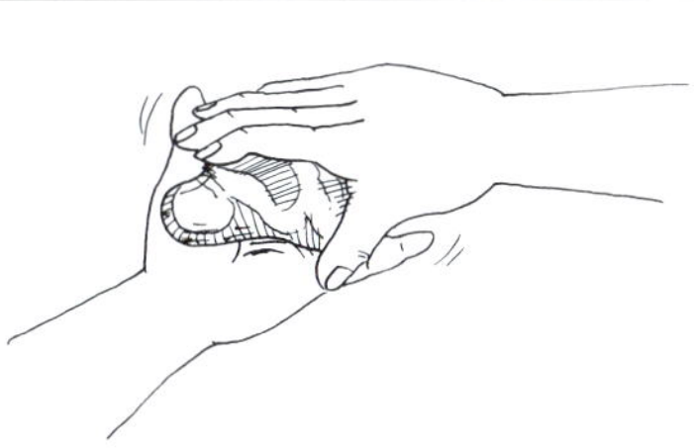	Streichle, drücke und reibe den Ball in beiden Händen. Erst sanft, dann immer fester. Gib immer wieder Seifenlauge über den Stein.
7	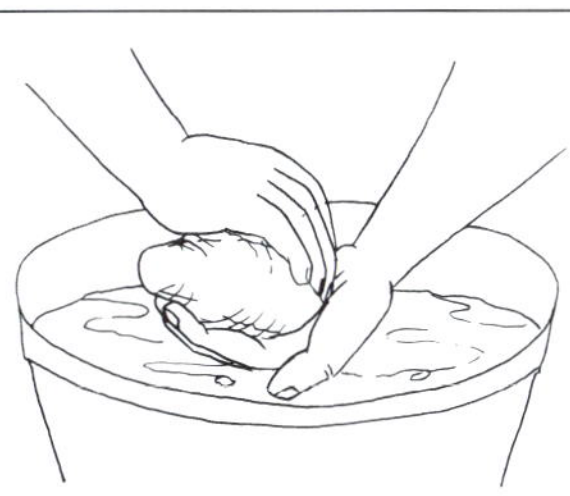	Der Handschmeichler ist fertig, wenn er hart und fest ist. Spüle ihn mit klarem Wasser, drücke das Wasser aus und lasse ihn trocknen.

Krachmacher: Rasseln aus umfilzten Döschen

Zeit

Zur Durchführung benötigt man eine Einheit von 90 Minuten.

Material/Medien

- Rohwolle lose und als Kardenband
- Farbige Merinowolle
- Seifenlauge
- Essigwasser
- Automatte, 2 Schüsseln (siehe Arbeitsplatzeinrichtung, S. 10)
- Gelbe Überraschungseierdosen oder Filmdöschen
- Füllmaterial (Reis, Sand, Steinchen etc.)

Methodische Anleitung

Mit dieser Unterrichtseinheit bringen sie Leben in das Klassenzimmer! Sind die Rasseln erst einmal fertig, können sie prima im Musikunterricht genutzt werden.

Eine Rassel besteht aus zwei Teilen. Der erste Teil ist der größere und trägt den musikalischen Inhalt in sich.

Zuerst wird ein Döschen mit Inhalt gefüllt, allerdings nicht zu voll, sonst klingt das Instrument später nicht so gut. Dann legt man eine Hand voll Rohwolle schichtweise um das gefüllte Döschen. Anschließend wird diese Kugel in heiße Seifenlauge getaucht. Dabei wird sie von den Händen fest umschlossen und gedrückt. Die so entstandene Wollkugel wird zunächst zur Seite gelegt.

Der zweite Teil der Rassel entsteht aus einer weiteren, jedoch kleineren Kugel aus Rohwolle, die wie oben beschrieben – jedoch ohne Inhalt – hergestellt wird. Die beiden unterschiedlich großen Wollkugeln werden nun fest aneinander gedrückt und mit einem Kardenband umwickelt.

Anschließend wird die Rassel in die heiße Lauge getaucht und vorsichtig mit beiden Händen bearbeitet. Ist die Rassel leicht angefilzt, kann mit dem „Bemalen" der Rassel begonnen werden.

Dazu werden mit trockenen Händen feine Flöckchen bunter Merinowolle gezupft, auf die Rassel gelegt und angedrückt. Die Rohwolle wird so vollständig von der bunten Wolle bedeckt. Die Hände arbeiten zunächst mit leichtem Druck. Mit der Zeit muss die Rassel immer kräftiger gerollt, geknetet und gedrückt werden. Bald haben sich die Fasern (Haare) miteinander zu einer festen Oberfläche verbunden.

Die Rassel ist fertig, wenn die beiden Teile fest miteinander verbunden sind, die Rassel in sich stabil ist und gut in der Hand liegt.

Sie wird zum Schluss zum Trocknen beiseite gelegt.

Arbeitsplan: Filzen einer Rassel (Unterlage: Überraschungsei)

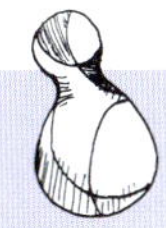

1	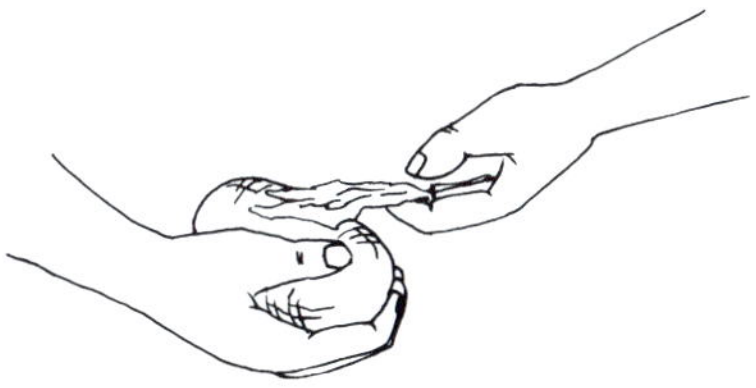	Fülle das Überraschungsei mit Steinchen, Erbsen oder Ähnlichem. Lege Rohwolle schichtweise um das Ei.
2		Tauche das Ei vorsichtig in Seifenlauge. Halte es dabei fest umschlossen in der Hand. Lege das Ei auf die Automatte.
3	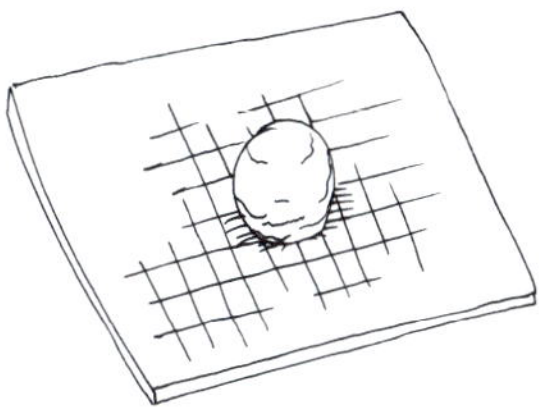	Forme mit trockenen Händen eine Kugel aus Rohwolle. Tauche die Kugel in Seifenlauge und drücke sie vorsichtig aus. Lege die Kugel auf die Automatte.
4	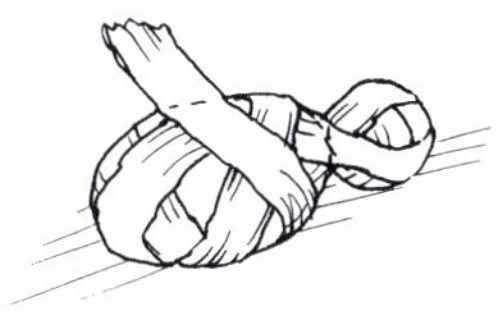	Lege das Ei und die Kugel nebeneinander und umwickle sie zusammen mit Kardenband.
5	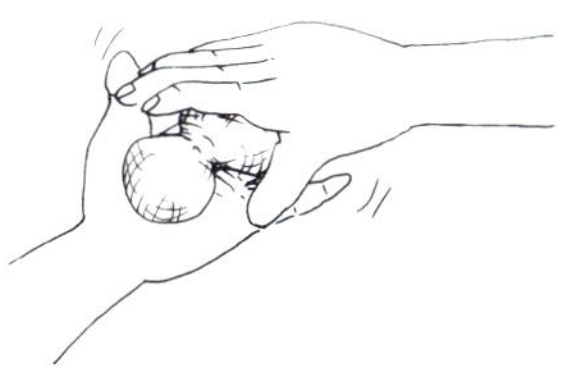	Tauche die Rassel vorsichtig in Seifenlauge. Streichle, drücke und reibe die Rassel in beiden Händen. Erst sanft, dann immer fester. Gib immer wieder Seifenlauge über die Rassel.
6		Lege die Rassel auf die Automatte. Zupfe mit trockenen Händen bunte Wollflocken. Lege die Wollflocken auf die Rassel. Gieße nach jeder Wollflocke ein Hand voll Seifenlauge über die Rassel. Drücke sie sanft an.
7		Streichle, drücke und reibe die Rassel in beiden Händen und rolle sie auf der Automatte. Erst sanft, dann immer fester.
8		Die Rassel ist fertig, wenn beide Teile fest miteinander verbunden sind und die Rassel in sich stabil ist. Spüle die Rassel in Essigwasser, drücke sie aus und lasse sie trocknen.

Alltägliche Kuriositäten: Umfilzte Gegenstände

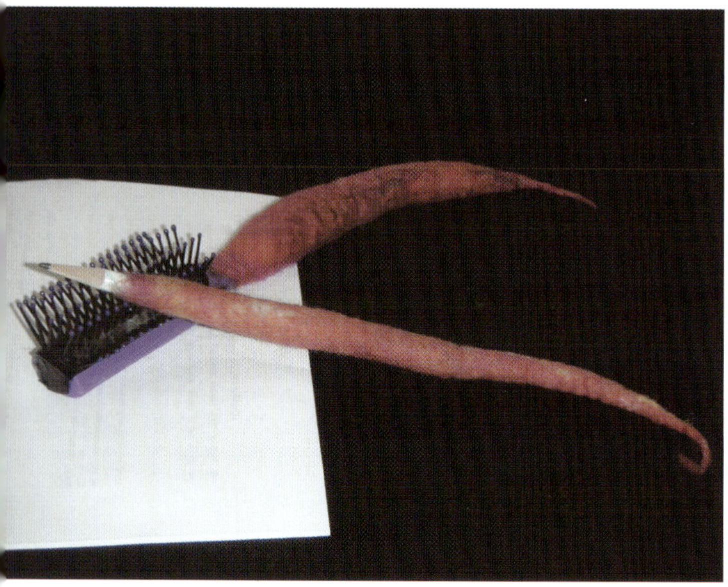

Zeit

Zur Durchführung benötigt man eine Einheit von 90 Minuten.

Material/Medien

- Rohwolle als Kardenband (in weiß oder braun)
- Farbige Merinowolle
- Seifenlauge
- Automatte, 2 Schüsseln (siehe Arbeitsplatzeinrichtung, S. 10)
- kleine Gebrauchsgegenstände (Bleistifte, Kugelschreiber, Bürste, Kamm etc.)

Methodische Anleitung

Im ersten Schritt wird das Objekt teilweise mit Kardenband umwickelt (d.h. die Bürste am Stiel, der Stift am Schaft etc.). Das Kardenband wird bei zierlichen Objekten in der Mitte geteilt, damit die Wollschicht nicht zu dick wird. Die Wollschicht wird mit Wasser gut angefeuchtet.

Ein dünnes Band Merinowolle wird nun fest um eine Stelle des Objektes gewickelt und verknotet. So wird die erste Wollschicht fixiert. Ausgewählte feine, bunte Wollflöckchen werden nun auf die feuchte Wollschicht gedrückt. Die Wollflöckchen werden entweder im Vorfeld vorbereitet oder mit trockenen Händen während des Arbeitsprozesses nach Bedarf gezupft. Die Wolle auf dem Objekt wird immer wieder mit Seifenlauge befeuchtet, so dass sie gut zwischen den Händen zu bearbeiten ist.

Die Wolle wird nun vorsichtig mit beiden Händen gerieben („gestreichelt"). Es muss sehr vorsichtig gearbeitet werden, damit die noch zu große Hülle nicht vom Objekt rutscht.

Nach und nach verbinden sich die Wollfasern zu einer festeren Schicht und die Hülle legt sich immer enger um das Objekt. Die Wolle schrumpft. Richtig schön wird das Objekt, wenn am Ende des Stiels/des Schaftes etc. ein Wollzipfel stehen bleibt. Dieser kann nach Belieben geformt werden und dem Objekt eine besondere Note verleihen.

Fertig ist die Arbeit, wenn sich die Hülle so eng um das Objekt legt, dass sie nicht mehr ohne weiteres herunterrutscht.

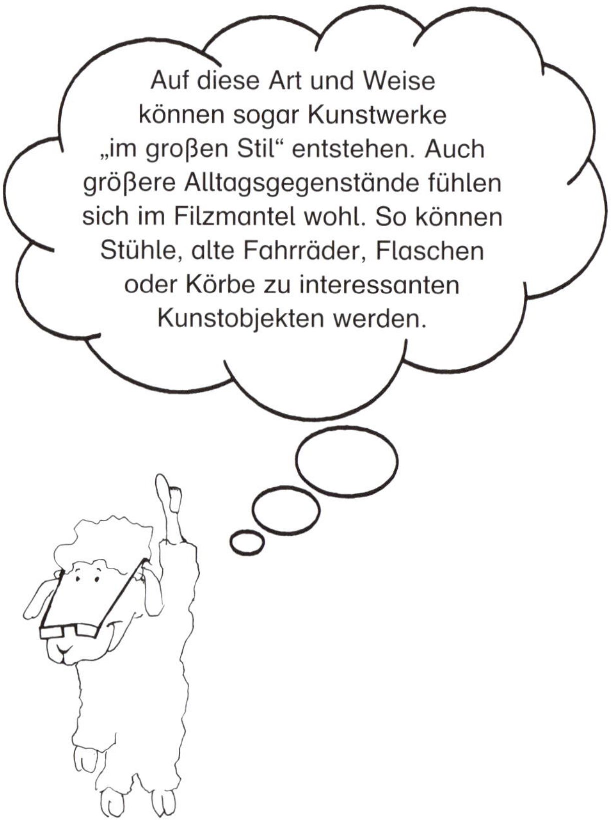

Arbeitsplan: Umfilzen von Gegenständen (hier: Bleistift)

1	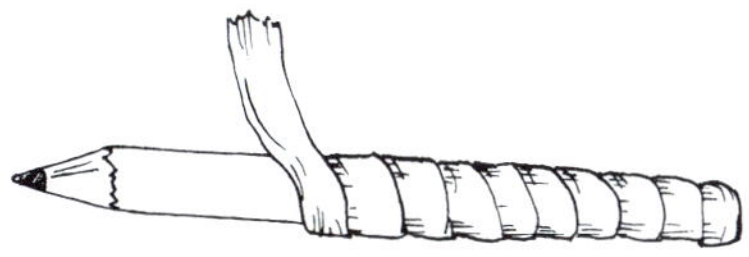	Umwickle den Bleistift bis 2 cm vor der Spitze mit Kardenband.
2	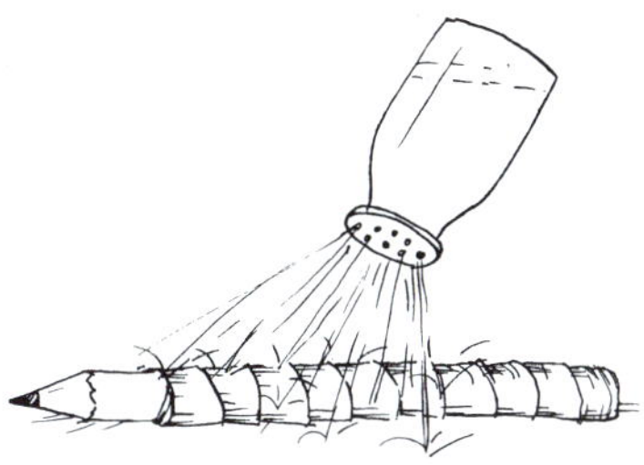	Besprenge die Wolle vorsichtig mit Seifen-lauge.
3	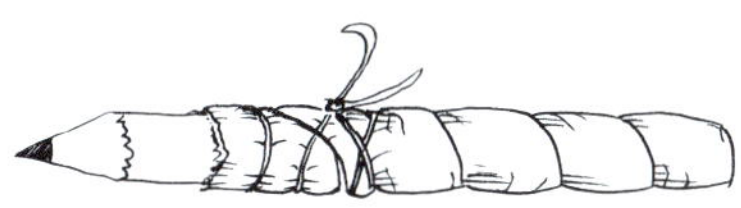	Nimm ein dünnes Band farbiger Wolle, wickle es an einer Stelle um den Bleistift und knote es fest. So hält die Wolle beim Anfilzen besser. Lege den Stift auf die Automatte.
4	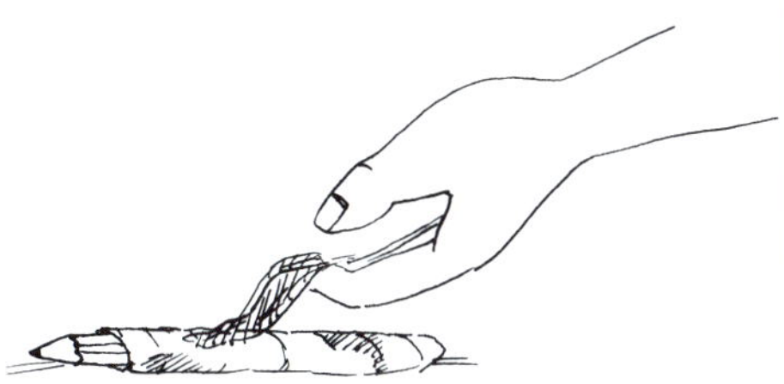	Zupfe mit trockenen Händen bunte Woll-flocken. Lege die Wollflocken auf den Blei-stift. Gieße nach jeder Wollflocke eine Hand voll Seifenlauge über den Bleistift. Drücke sie sanft an.
5		Streichle, drücke und reibe den Bleistift in beiden Händen. Erst sanft, dann immer fester. Gib immer wieder Seifenlauge über den Bleistift.
6	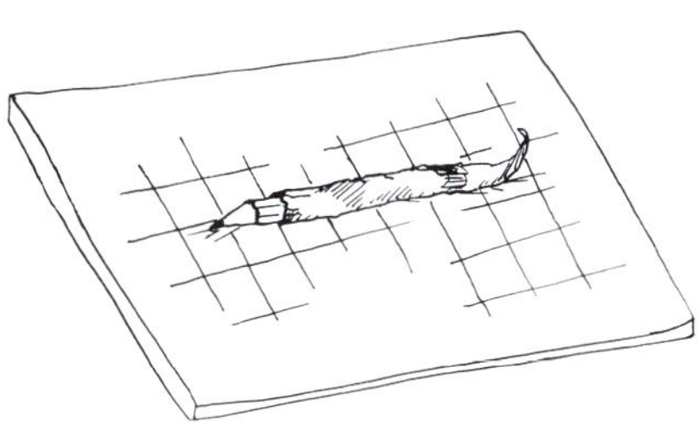	Der Bleistift ist fertig, wenn die Hülle hart und fest ist.

Drahtige Objekte: Umfilzte Drahtgestelle

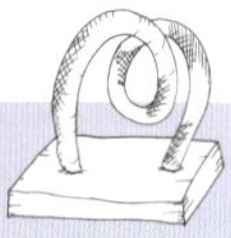

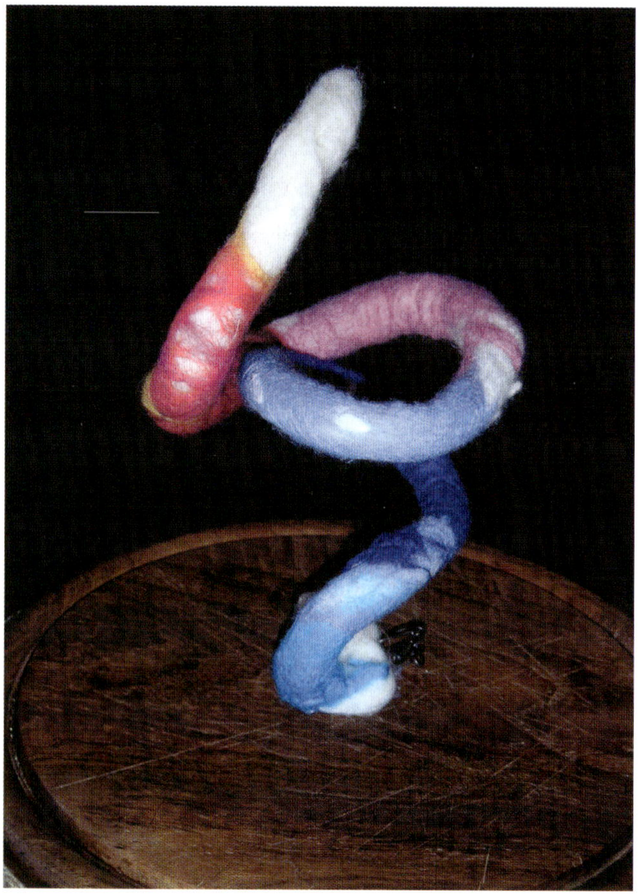

Zeit

Zur Durchführung benötigt man
zwei bis drei Einheiten von 90 Minuten.

Material/Medien

- Rohwolle als Kardenband
- Farbige Merinowolle
- Seifenlauge
- Automatte, 2 Schüsseln
  (siehe Arbeitsplatzeinrichtung, S. 10)
- stabiler, aber biegbarer Draht
- Holzplatten mit Löchern in Drahtdicke
- Heißklebepistole, Bohrer
- Plastikschlauch

Methodische Anleitung

Zu Beginn wird der Schlauch mit Wolle umfilzt. Dazu wird Rohwolle in Form eines Kardenbandes fest um den Schlauch gewickelt, mit Seifenlauge befeuchtet und mit den Händen angedrückt.

Anschließend legt man den Schlauch zur Seite, trocknet die Hände und zupft die gewählte farbige Wolle in feine Flöckchen. Diese werden sanft angedrückt und immer wieder mit einer Hand voll Lauge übergossen. Hierbei ist darauf zu achten, dass die Wolle auf dem Schlauch haften bleibt. Wenn die bunte Wolle komplett aufgelegt ist, heißt es aufpassen: Die Kugel wird nun ganz sanft und vorsichtig zwischen beiden Händen gedrückt und gerieben („gestreichelt"). Dabei muss der Schlauch immer wieder mit Lauge begossen werden und heiß bleiben.

Mit der Zeit muss der Schlauch immer kräftiger gerollt, geknetet und gedrückt werden. Der Schlauch ist fertig, wenn sich die Fasern (Haare) fest miteinander verbunden haben und wie eine enge Hülle um den Schlauch liegen.

Nun wird ein ausreichend langes Stück Draht (etwas länger als der Schlauch selbst) in eine interessante Form gebogen und auf dem Holzfuß befestigt. Hierzu wird der Draht in das vorgebohrte Loch gesteckt und mit etwas Heißkleber fixiert. Im Anschluss daran wird der umfilzte Schlauch über die Drahtkonstruktion gestülpt und ebenfalls mit Heißkleber auf dem Holz befestigt.

Das Kunstobjekt ist fertig!

Drahtige Objekte: Umfilzte Drahtgestelle

Variante:

Diese Vorgehensweise eignet sich für ältere oder im Filzen erfahrene Schüler. Gefilzt wird hier am fertigen Objekt. Dies hat den Vorteil, dass man während des Filzprozesses sein Objekt „wachsen“ sieht und „künstlerische Absichten“ besser geplant werden können.

Anders als oben beschrieben wird nun zu Beginn der Arbeit das Schlauchgestell vorbereitet, welches im zweiten Teil der Durchführung umfilzt werden soll.

Dazu wird ein ausreichend langes Stück Draht in eine interessante Form gebracht. Ein Stück Schlauch wird in der gleichen Länge abgeschnitten. Nun wird der gebogene Draht auf dem Holzfuß befestigt. Er wird in das vorgebohrte Loch gesteckt und mit etwas Heißkleber fixiert.

Im Anschluss daran wird der Schlauch über die Drahtkonstruktion gestülpt und ebenfalls mit Heißkleber auf dem Holz befestigt. Der geriffelte Schlauch bietet nun eine Fläche, die umfilzt werden kann.

Dazu wird nun Rohwolle in Form eines Kardenbandes fest um den Schlauch gewickelt, mit Seifenlauge befeuchtet und mit den Händen angedrückt. Auf das Kardenband werden mehrere Schichten feiner Wollflöckchen aus bunter Merinowolle gelegt. Die Flöckchen werden mit abgetrockneten Händen in den ausgesuchten Farben gezupft und in einer Schüssel aufbewahrt. Nach und nach werden sie nun auf das Objekt gelegt, bis nichts mehr von dem Kardenband zu sehen ist. Die Wolle muss dabei immer feucht gehalten werden. Die Hände drücken die Wolle zunächst leicht und streicheln sie sanft. Mit der Zeit kann immer kraftvoller gearbeitet werden, aber es muss darauf geachtet werden, dass die Wolle nicht vom Objekt rutscht. Die Riffel im Schlauch helfen, dies zu verhindern.

Die Wolle legt sich nun immer fester um das Objekt, bis eine feste Hülle entsteht.

Wenn die Wollfasern fest miteinander verbunden sind und nichts mehr rutscht, ist das Objekt fertig.

Mit etwas Fingerspitzengefühl kann man an die vorgefilzte Wolle am Objekt kleine „Ableger“ anfilzen.
Hierzu wird etwas Wolle in der Hand zum Beispiel zu einem Blatt vorgeformt und in Lauge getaucht. Das Ende, das am Objekt befestigt werden soll, muss trocken bleiben. Nun drückt man das Ende an das feuchte Objekt. Fixiert wird das Blatt, indem einige feine Wollflöckchen über die Verbundstelle gelegt werden und die Schnittstelle so stärken.

Arbeitsplan 1: Filzen von drahtigen Objekten

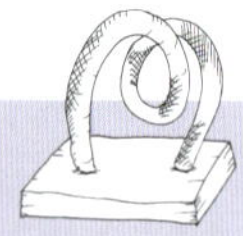

1	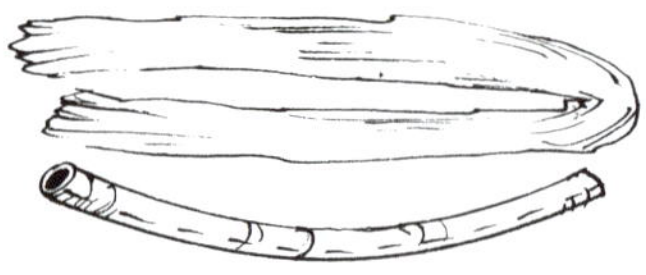	Miss ein Stück Kardenband ab, das doppelt so lang ist wie dein Plastikschlauchstück.
2	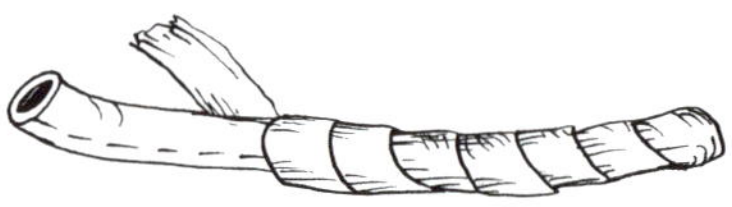	Wickle das Kardenband fest um deinen Schlauch.
3	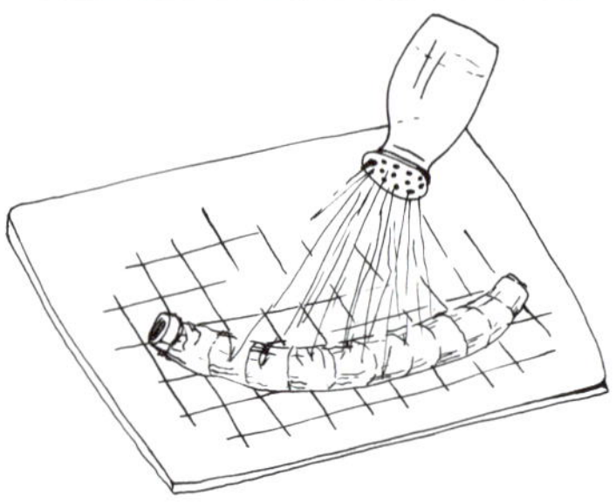	Besprenkle die Wolle vorsichtig mit Seifenlauge und drücke alles vorsichtig an. Lege den Schlauch auf die Automatte.
4	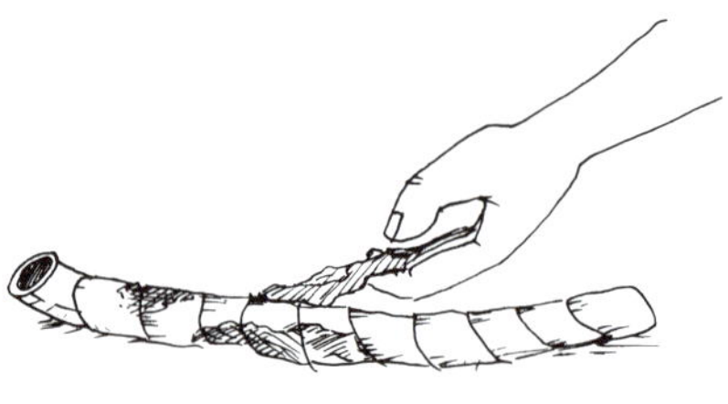	Zupfe mit trockenen Händen bunte Wollflocken. Lege die Wollflocken rund um den Schlauch. Gieße nach jeder Wollflocke eine Hand voll Seifenlauge über die Wolle. Drücke sie sanft an.
5		Streichle, drücke und reibe den Schlauch in beiden Händen. Erst vorsichtig, dann immer fester.
6		Die Rolle ist fertig, wenn sie fest ist. Spüle die Rolle in Essigwasser, drücke sie aus und lasse sie trocknen. Arbeite weiter nach Arbeitsplan 2.

Arbeitsplan 2: Filzen von drahtigen Objekten

7	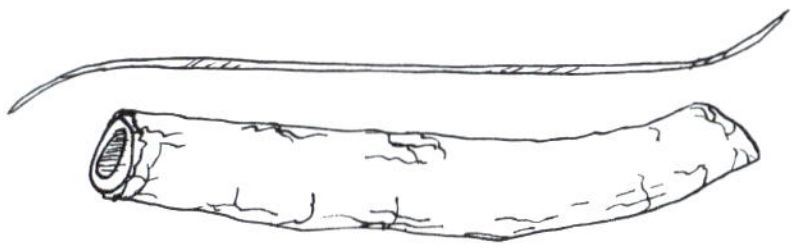	Miss ein Stück Draht ab, das etwas länger ist als dein Plastikschlauch.
8	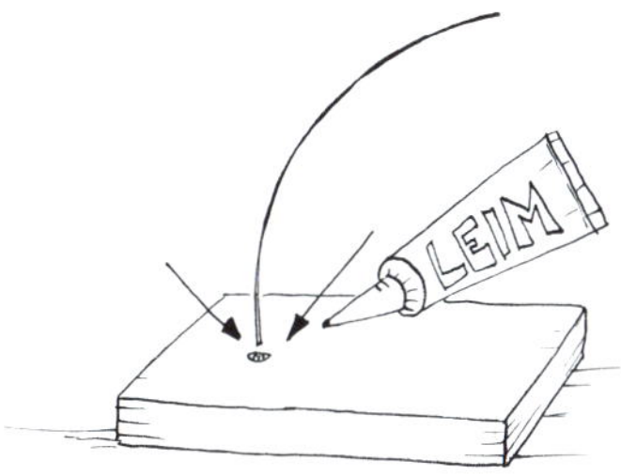	Nimm die Holzplatte mit Löchern und befestige ein Drahtende mit Kleber in einem Loch.
9	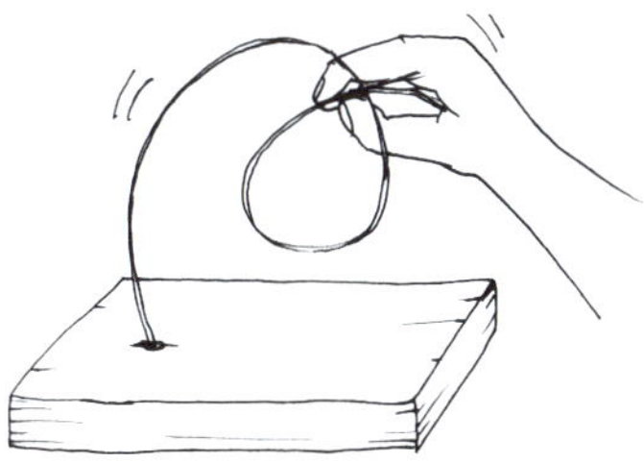	Biege den Draht zu einer interessanten Form. Denke daran, dass dein Filzschlauch darüber passen muss.
10	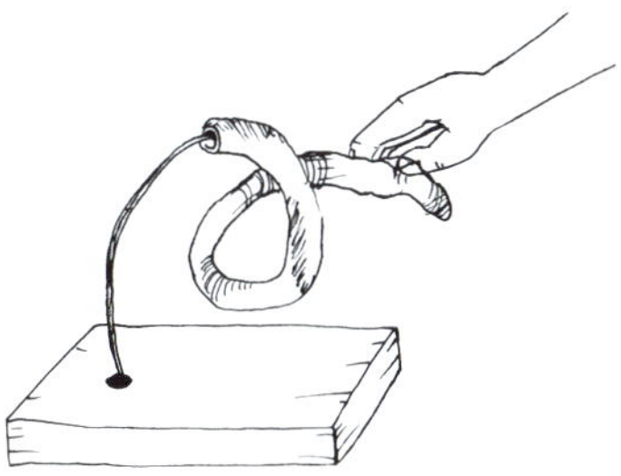	Stülpe den Filzschlauch über den Draht.
11	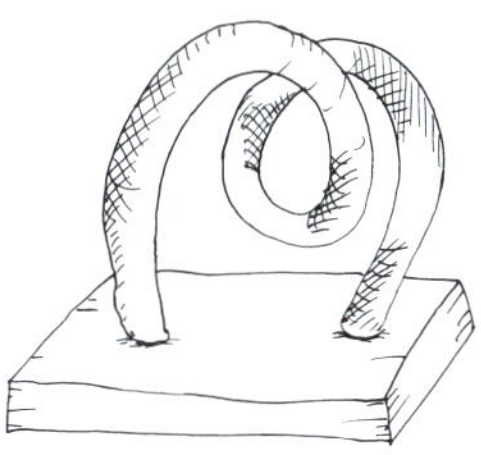	Befestige den Filzschlauch in den Löchern der Holzplatte mit Holzleim oder Kleber.

Vom Schaf, das seine Wolle verlor: Kleine Decke (Geschichte)

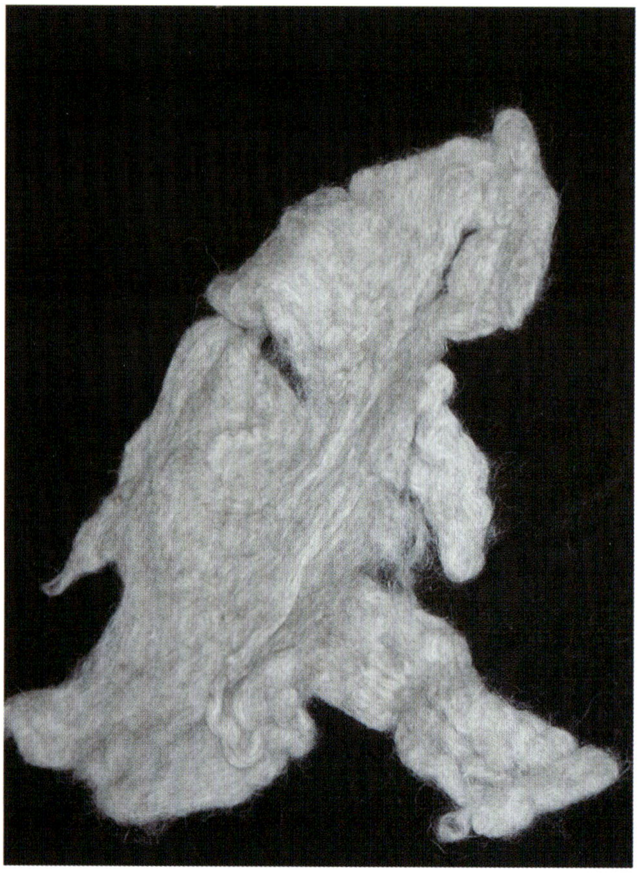

Zeit

Zur Durchführung benötigt man eine Einheit von 90 Minuten.

Material/Medien

- Rohwolle (eine Hand voll pro Schüler)
- Seifenlauge
- Wäschesprenkler
- Automatte
  (siehe Arbeitsplatzeinrichtung, S. 10)

Methodische Anleitung

Die Schüler hören im Stuhlkreis die Geschichte „Vom Schaf, das seine Wolle verlor“. Nachdem die Schüler die Geschichte gehört haben, begeben sie sich an ihre Arbeitsplätze. Mit Hilfe der Bildkarten kann die Geschichte nun Schritt für Schritt nachvollzogen werden:

- Die Schüler zupfen Wollflocken (das Schaf verliert seine Wolle) und lassen diese willkürlich auf die Automatte fallen, bis ein Berg Wolle entstanden ist. (*Die Wolle liegt am Boden.*)
- Die Schüler lassen es nun mit Hilfe des Wäschesprenklers regnen. Die Wolle wird mit heißer Seifenlauge durchnässt (*Es regnet durch das Dach der Hütte.*). Die Wolle soll angefeuchtet sein, aber nicht im Wasser schwimmen.
- Die Fläche wird nun mit sanften, kreisenden Bewegungen gestreichelt, die mit der Zeit immer kräftiger werden. (*Das Schaf läuft im Stall auf und ab.*)
- Die Schüler beobachten, dass sich die Wollfasern immer mehr zu einer Fläche verbinden. (*Die Decke entsteht*).

Die fertige Decke wird in klarem Wasser ausgespült.

Vom Schaf, das seine Wolle verlor: Kleine Decke (Geschichte)

Es war einmal ein kleines Schaf. Es lebte schon seit langer Zeit auf einer schönen Wiese mit einem kleinen Stall. Dort lebte es glücklich und zufrieden.

Eines Tages jedoch wurde das Schaf krank. Als es morgens aufwachte, lagen kleine Büschel seiner Wolle auf dem Boden des Stalls.

„Komisch!“, dachte das Schaf, „so alt bin ich doch noch gar nicht. Jetzt schon Haarausfall?!“

Anfangs machte es sich keine ernsthaften Sorgen. Aber als sich bereits ein unübersehbarer Haufen Wolle gebildet hatte, bekam es das kleine Schaf mit der Angst zu tun.
Und eines Morgens war es dann soweit: das kleine Schaf wachte auf und es war splitterfasernackt. „Oje ..., wie peinlich!“, dachte das Schaf. „Und außerdem ist mir tierisch kalt.“
Allmählich ging es dem Schaf wieder besser. Aber seine Wolle wollte einfach nicht nachwachsen.

Das kleine Schaf fror jede Nacht ganz entsetzlich und als es eines Nachts auch noch durch seinen Stall regnete, war es mit dem Schlaf vorbei. Das kleine Schaf lief die ganze Nacht im Stall auf und ab, um wenigstens ein bisschen warm zu werden.

Der Regen hatte den großen Haufen Wolle des Schafes platt gedrückt. Das Schaf bemerkte gar nicht, wie es immer wieder über die feuchte Wolle lief.

Am nächsten Morgen war das kleine Schaf sehr erstaunt ... Auf dem Boden seines Stalls lag eine warme, wollige Decke. Das musste seine eigene Wolle sein, die es in der Nacht mit seinen Hufen niedergetreten hatte. Vorsichtig hob das kleine Schaf die Decke an. Ja tatsächlich! Seine eigene Wolle war zu einer warmen Decke geworden.

Das kleine Schaf nahm die Decke auf, mummelte sich warm darin ein und schlief den ganzen Tag tief und fest.

Fantasiebilder: Bilder malen mit Wolle

Zeit

Zur Durchführung benötigt man eine Einheit von 90 Minuten.

Material/Medien

- Wollvlies (pro Schüler eine DIN-A4-Größe)
- Farbige Merinowolle
- Seifenlauge
- Essigwasser
- Wäschesprenkler
- Automatte
  (siehe Arbeitsplatzeinrichtung, S. 10)
- Noppenfolie oder Fliegennetz (DIN A4)

Auf die gleiche Art und Weise kann man viele verschiedene Produkte herstellen, z. B. ein Namensschild für das Kinderzimmer, Topflappen, Tischsets, Topfuntersetzer u.v.m.

Methodische Anleitung

Jeder Schüler hat ein Wollvlies in DIN-A4-Größe vor sich auf der Automatte liegen. Das Wollvlies stellt ein leeres Blatt Papier dar, das die Schüler nun nach ihren Vorstellungen mit bunter Wolle „bemalen" sollen. Dabei kann es sich um ein Fantasiemuster, ein Gestaltbild oder ein Motiv zu einem gemeinsam gewählten Thema handeln.

Die bunte Wolle steht den Schülern in einem großen Korb zur Verfügung und kann nach eigenem Ermessen gewählt werden. So sind besonders die Vielfalt und die Farbbrillianz der Wolle zu sehen.

Die farbige Wolle wird auch beim „Malen" in feine Flöckchen gezupft, bevor sie auf das Vlies gelegt wird. Ist das Bild fertig gelegt, wird es mit dem Wäschesprenkler vorsichtig mit Seifenlauge durchfeuchtet. Auf das feuchte Bild wird nun die Noppenfolie oder das Fliegennetz gelegt. So wird verhindert, dass sich das Bild beim Reiben mit den Händen verschiebt.

Die Schüler beginnen, mit beiden Handflächen über das Bild zu streichen.

Zunächst ganz vorsichtig, dann etwas kräftiger. Ist das Bild angefilzt, wird das Hilfsmittel entfernt und das Bild wird weiter mit den Händen bearbeitet.

Hat das Bild eine gewisse Festigkeit erreicht, wird es in ein Handtuch eingerollt und gewalkt. Zwischendurch muss es immer wieder mit etwas heißer Lauge begossen, gedreht, gewendet, wieder eingerollt und weiter bearbeitet werden. Der Druck auf die Rolle wird von Mal zu Mal gesteigert und auch die Unterarme können zum Rollen genutzt werden.

Das fertige Bild wird zuerst in Essigwasser und dann in klarem Wasser ausgespült. Die einzelnen Bilder werden zum Trocknen weggelegt bzw. aufgehängt.

Arbeitsplan: Filzen eines Fantasiebildes

1	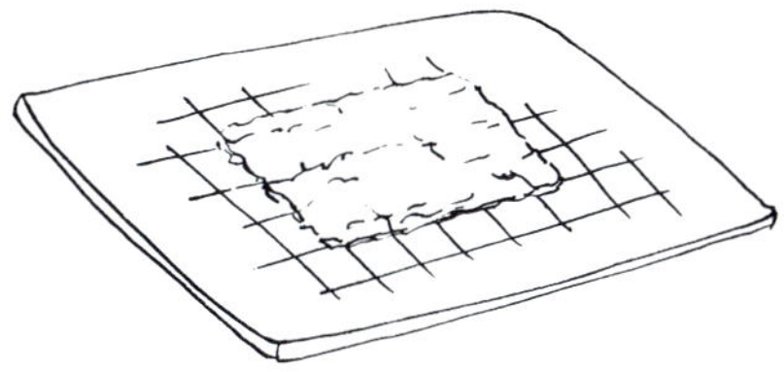	Lege ein DIN A4 großes Stück Wollvlies auf deiner Automatte aus.
2	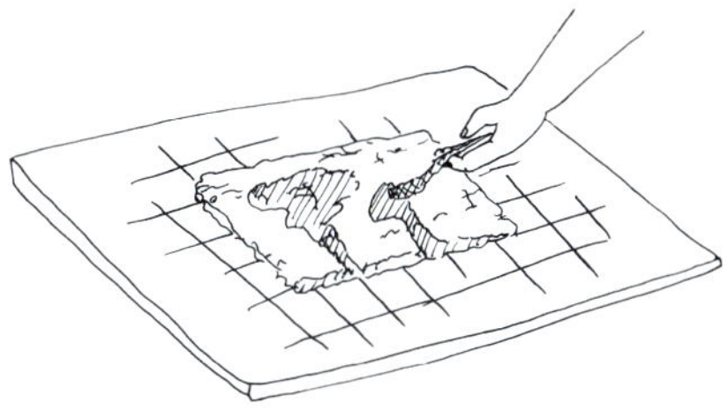	Zupfe farbige Wolle und lege damit Formen auf dein Wollvlies.
3		Wenn dein Bild fertig gelegt ist, besprenkle es vorsichtig mit Seifenlauge.
4	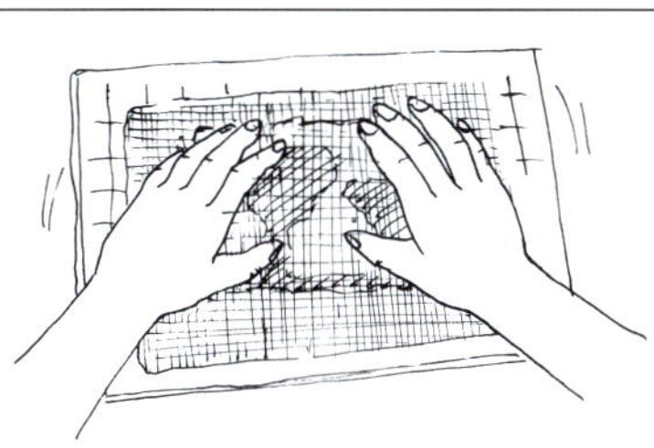	Lege die Noppenfolie (oder das Fliegennetz) auf das feuchte Bild. Beginne auf der Folie das Bild mit beiden Händen zu reiben. Erst sanft, dann immer fester.
5	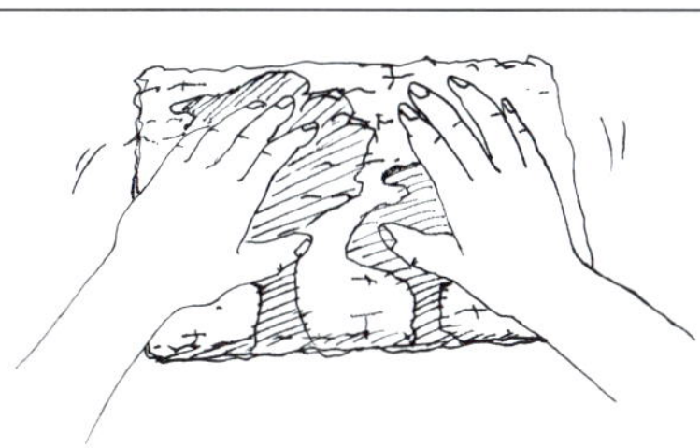	Wenn das Bild angefilzt ist, entferne die Folie und bearbeite das Bild direkt mit den Händen.
6	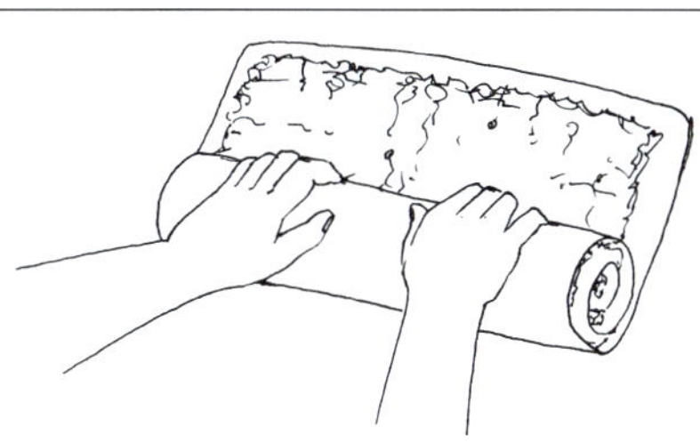	Wenn das Bild fest ist, rolle es in ein Handtuch und walke es kräftig hin und her. Gib immer wieder heiße Seifenlauge auf das Bild und rolle es wieder ein. Es muss von allen Seiten gerollt und bearbeitet werden.
7		Das Bild ist fertig, wenn es hart und fest ist. Spüle das Bild zuerst in Essigwasser, dann mit klarem Wasser aus. Drücke das Wasser aus und lasse das Bild trocknen.

Patchwork-Decke: Gemeinschaftsarbeit

Zeit

Zur Durchführung benötigt man
zwei Einheiten von 90 Minuten.

Material/Medien

- Wollvlies (pro Schüler eine DIN-A4-Größe)
- Farbige Merinowolle
- Seifenlauge
- Essigwasser
- Wäschesprenkler
- Automatte
  (siehe Arbeitsplatzeinrichtung, S. 10)
- Noppenfolie oder Fliegennetz (DIN A4)

Methodische Anleitung

Jeder Schüler hat ein Wollvlies in DIN-A4-Größe vor sich auf der Automatte liegen. Das Wollvlies stellt ein leeres Blatt Papier dar, das die Schüler „bemalen“. Die Schüler wählen Farben aus und legen damit einfache Formen aus Wollflocken. Ein Punkt entsteht, wenn eine oder mehrere Flocken lose zu einer Kugel geformt und aufgelegt werden. Ein Strich entsteht durch das Auflegen eines kleinen Wollstranges. Einen Ring erhält man, wenn Wollfasern zum Kreis gelegt und die Faserenden miteinander verdreht werden.

Ist das Bild fertig gelegt, wird es mit Hilfe des Wäschesprenklers vorsichtig mit Seifenlauge befeuchtet. Auf das feuchte Bild wird nun die Noppenfolie oder das Fliegennetz gelegt. So wird verhindert, dass sich das Bild beim Reiben mit den Händen verschiebt.

Die Schüler beginnen nun mit beiden Handflächen, zunächst vorsichtig, dann kräftiger über das Bild zu streichen.

Ist das Bild angefilzt, wird das Hilfsmittel entfernt und das Bild wird weiter mit den Händen bearbeitet.

Hat das Bild eine gewisse Festigkeit erreicht, wird es in ein Handtuch eingerollt und gewalkt. Zwischendurch muss es immer wieder mit etwas heißer Lauge begossen, gedreht, gewendet, wieder eingerollt und weiter bearbeitet werden. Der Druck auf die Rolle wird von Mal zu Mal gesteigert und auch die Unterarme können zum Rollen genutzt werden. Das fertige Bild wird zuerst in Essigwasser und dann in klarem Wasser ausgespült. Die einzelnen Bilder werden zum Trocknen weggelegt bzw. aufgehängt.

1. Möglichkeit zur Weiterverarbeitung:

Material/Medien:
Verschiedenfarbige Stoffe (pro Schüler eine DIN-A4-Größe plus 1,5 cm Nahtzugabe), Nähgarn, pro Schüler eine Nähnadel, Nähmaschine.

Jeder Schüler näht sein Bild auf das vorbereitete Stück Stoff. Die so entstandenen Einzelteile werden mit Hilfe einer Nähmaschine zu einer Patchwork-Decke zusammengefügt.

2. Möglichkeit zur Weiterverarbeitung:

Material/Medien:
Dicke Wollfäden, Sticknadeln in entsprechender Größe.

Die Schülerarbeiten werden direkt mit einem dicken Wollfaden im Schlingstich zusammengenäht.

Arbeitsplan: Filzen einer Patchwork-Decke 

1	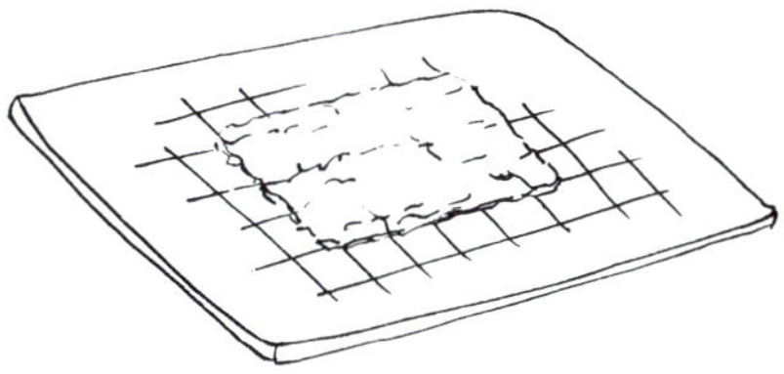	Lege ein DIN-A4 großes Stück Wollvlies auf deiner Automatte aus.
2	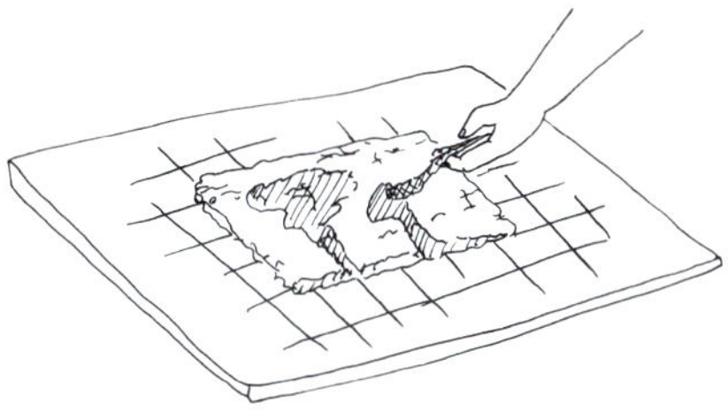	Zupfe farbige Wolle und lege damit Formen auf dein Wollvlies.
3		Wenn dein Bild fertig gelegt ist, besprenkle es vorsichtig mit Seifenlauge.
4	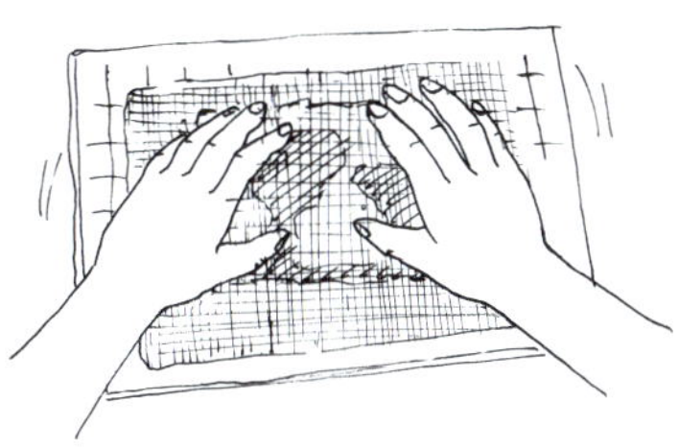	Lege die Noppenfolie (oder das Fliegen-netz) auf das feuchte Bild. Beginne auf der Folie, das Bild mit beiden Händen zu reiben. Erst sanft, dann immer fester.
5		Wenn das Bild angefilzt ist, entferne die Folie und bearbeite das Bild direkt mit den Händen.
6	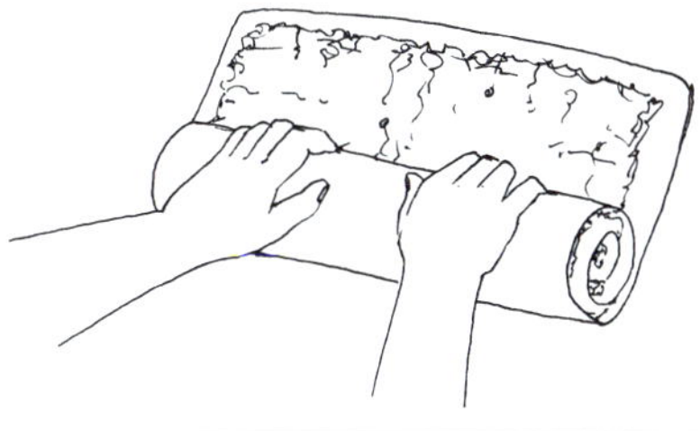	Wenn das Bild fest ist, rolle es in ein Handtuch und walke es kräftig hin und her. Gib immer wieder heiße Seifenlauge auf das Bild und rolle es wieder ein. Es muss von allen Seiten gerollt und bearbeitet werden.
7		Das Bild ist fertig, wenn es hart und fest ist. Spüle das Bild zuerst in Essigwasser, dann mit klarem Wasser aus. Drücke das Wasser aus und lasse das Bild trocknen.

Handytasche: Filzen mit einer Schablone

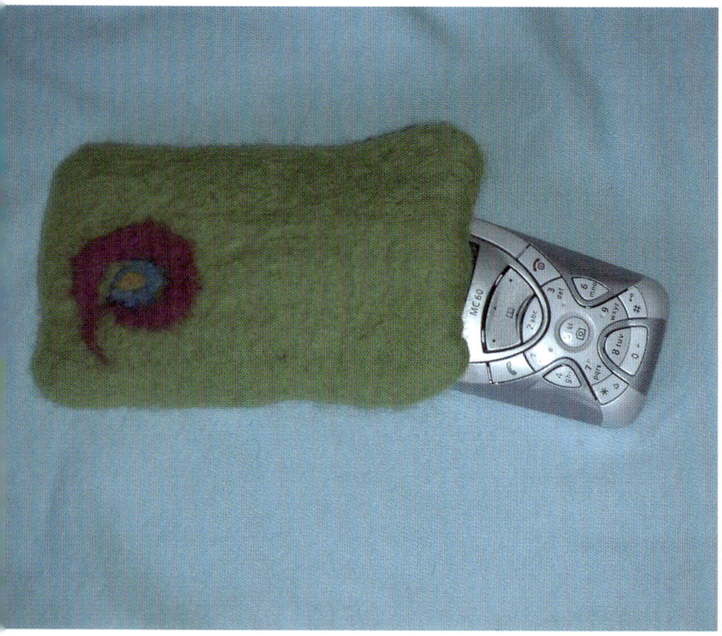

Zeit

Zur Durchführung benötigt man
ein bis zwei Einheiten von 90 Minuten.

Material/Medien

- Rohwolle (eine Hand voll pro Schüler)
- Farbige Merinowolle
- Seifenlauge
- Wäschesprenkler
- Automatte, 2 Schüsseln
  (siehe Arbeitsplatzeinrichtung, S. 10)
- Schablone aus Noppenfolie

Methodische Anleitung

Durch das Umfilzen einer Schablone können Hohlkörper wie Taschen, Hüte, Taschen, Etuis, Stiefel etc. entstehen. Bei der Herstellung der Schablone muss das Schrumpfen der Wolle mit beachtet werden. Schüler filzen mit einer durchschnittlichen Schrumpfung von ca. 20 %. Das bedeutet, dass jede Schablone um 20 % größer zurechtgeschnitten werden muss, als das Endprodukt tatsächlich sein soll.

Am besten zeichnet man die gewünschte Form auf einem Blatt vor und misst sie anschließend nach. Mit dem Taschenrechner berechnet man anschließend die Zugaben und überträgt sie auf ein Blatt. Die fertige Vorlage wird nun vom Blatt auf die Noppenfolie kopiert und ausgeschnitten.

Die Schablone für das Handy soll am Ende eine Tasche ergeben, die ein bisschen größer als das Handy selbst ist.

Die Wolle für die Handytasche wird in der gewünschten Farbe in feine Flöckchen gezupft und dachziegelartig auf eine Seite der Schablone aufgelegt.

Dabei muss die Wolle die Ränder der Schablone gleichmäßig überlappen. Es sollten drei bis vier Lagen immer quer zur letzten Lage gelegt werden. Nun werden die Kanten um die Schablone gelegt und die Wolle wird auf der fertig gelegten Seite vorsichtig durchnässt. Die umgelegte Kante auf der anderen Seite soll möglichst trocken bleiben.

Anschließend wird die Schablone gewendet und der Vorgang wird sorgfältig wiederholt. Die Wolle umschließt die Schablone jetzt vollständig.

Die Wolle wird nun sanft gerieben, wobei die Kanten immer vorsichtig mitbearbeitet werden. Man muss sehr darauf achten, dass keine Löcher entstehen. Hat sich die Wolle bereits gut miteinander verbunden, wird fester gerieben und gewalkt.

Ist der Filz fest, wird er auf einer Seite ca. 4 cm parallel zur kurzen Seite eingeschnitten und die Schablone entfernt. Die entstandene Schnittstelle muss noch kurz angefilzt werden.

Jetzt ist die Handytasche einsatzbereit!

Arbeitsplan 1: Filzen einer Handytasche

1	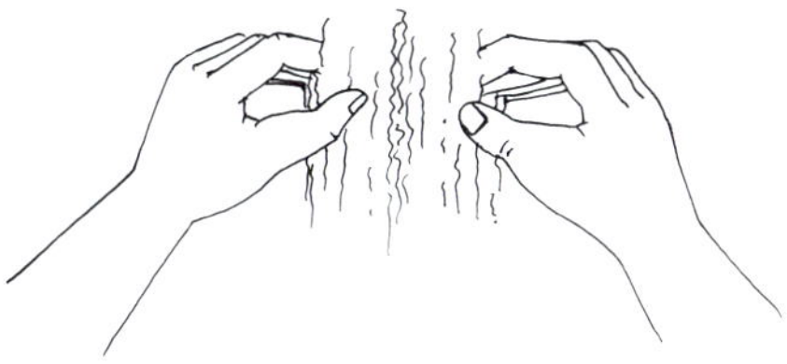	Zupfe farbige Wolle in kleine Flocken.
2	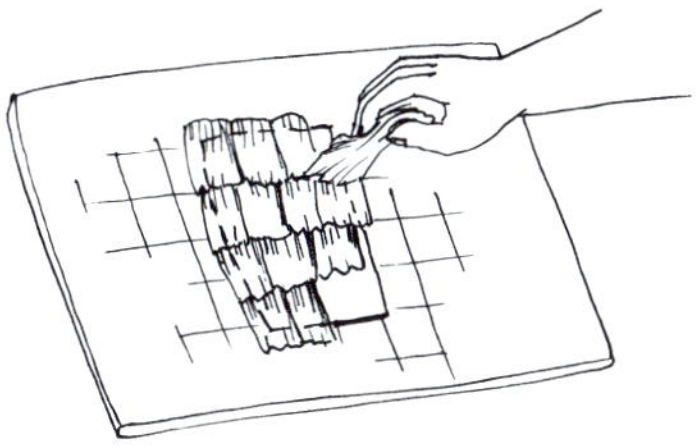	Lege die Schablone auf die Automatte und breite die Flocken darauf „wie Dachziegel“ aus. Sie müssen 1,5 cm über den Rand hinaus liegen.
3		Lege die zweite Schicht Wolle „wie Dachziegel“ quer darüber aus. Wiederhole es noch zweimal.
4		Besprenkle die Fläche in der Mitte mit Seifenlauge. Achte darauf, dass die Ränder trocken bleiben. Reibe die Wolle kreisförmig und sanft in die Mitte.
5	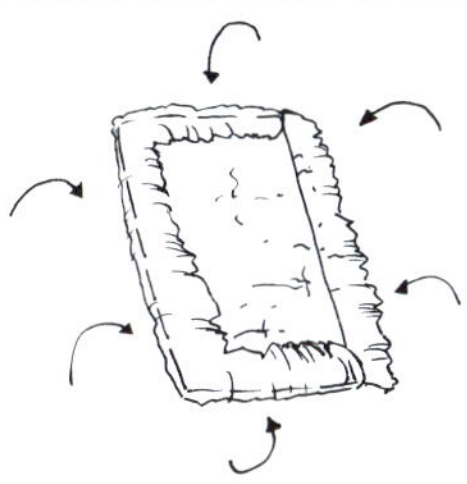	Wende die Arbeit. Lege die überstehenden Kanten vorsichtig um die Folie herum.
6	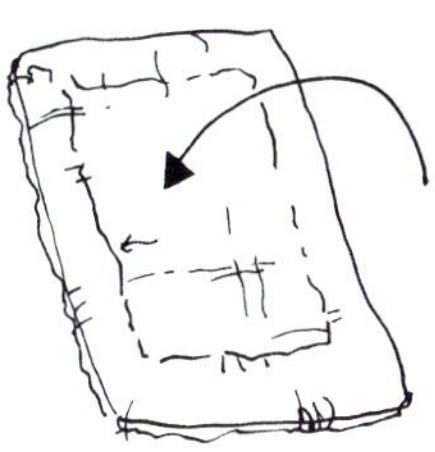	Lege die noch freie Fläche mit Wolle dachziegelartig aus. Dann sollte die Wolle die Folie vollständig umschließen.
7	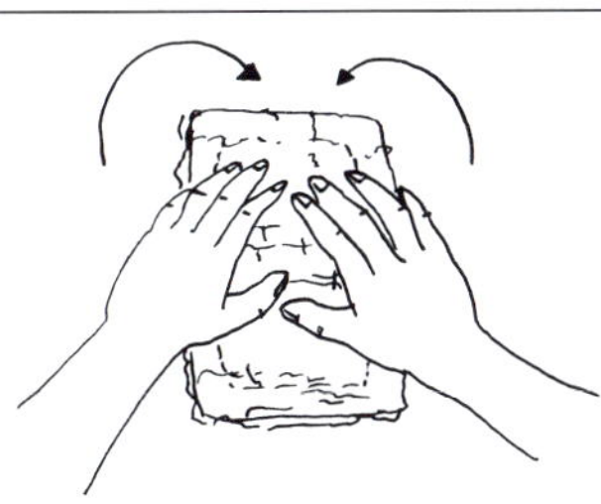	Reibe die Wolle kreisförmig erst sanft, dann immer fester. Bearbeite die Ränder mit. Arbeite weiter nach Arbeitsplan 2.

Arbeitsplan 2: Filzen einer Handytasche

8	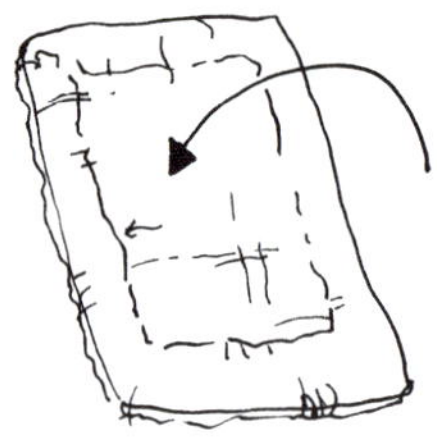	Drehe die gesamte Arbeit und reibe auch die andere Seite.
9	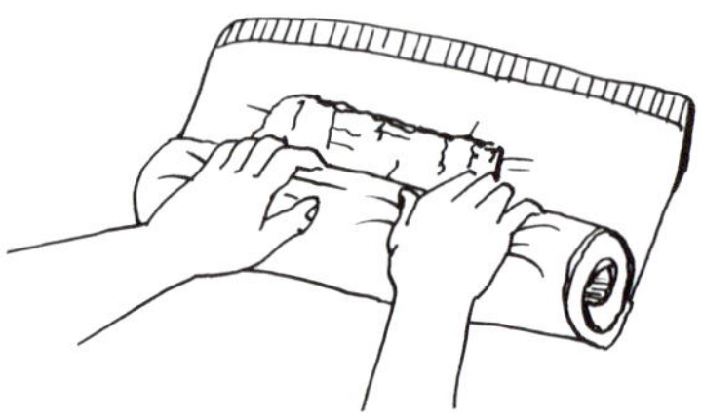	Rolle die Tasche in ein Handtuch ein und walke sie fest hin und her.
10		Ist der Filz fest, schneide auf einer Seite ca. 4 cm parallel zur kurzen Seite die Tasche auf. Entferne die Folie und reibe die Schnittkanten fest.
11		Spüle die Tasche zuerst in Essigwasser, dann mit klarem Wasser aus. Drücke das Wasser aus und lasse die Tasche trocknen.

Unter dem Meer: Filzen eines Wandbehangs in kooperativer Gemeinschaftsarbeit

Zeit

Zur Durchführung benötigt man ca. 2 Schultage.

Material

- Dicke Folie, Spreizklemmen
- Weißes Wollvlies in der gewünschten Größe
- Merinowolle in Farben des Untergrundes
- Bunte Merinowolle in großer Farbauswahl
- Wäschesprenkler
- Töpfe, Kochplatten
- Seife
- Noppenfolie in großen Stücken, Fliegennetze
- Langer Holzpflock, Bettlaken (am besten Frottee)

Eine Projektbeschreibung

Ein Wandbehang für unser Schulforum – so lautete die Idee, die es mit meinem ersten Schuljahr umzusetzen galt. Eine kaum umzusetzende Idee – der zweite Gedanke!

Aber warum nicht. Mit vielen fleißigen Händen, großen und kleinen Helfern, einer guten Organisation, viel Wolle, Wasser und Seife sollte dieses Projekt bald in die Tat umgesetzt werden.

Das „Filzfest" der Klasse 1 sollte zwei Schultage in Anspruch nehmen und hatte so den Status eines Klassenvorhabens. Das gleiche Projekt kann auch mit den Eltern zusammen in Form eines Klassenfestes durchgeführt werden. Oder auf einem Schulfest wird ein Wandbehang mit Hilfe der Gäste gefilzt.

Das Filzfest sollte eigentlich im Freien auf dem Schulhof stattfinden. Ein idealer Ort für die benötigte Wassermenge. Natürlich regnete es pünktlich am Morgen unseres Filzfestes. Kurzfristig wurde umdisponiert und das Filzfest wurde in die Klasse verlegt.

1. Tag

Einstimmung in das Thema „Unter dem Meer" • Vorbereitung der „Wasserwanne" • Auslegen des großen Vlies • Auslegen der bunten Wolle • Bildhafte Ausgestaltung • Fixieren der Wolle

Zunächst wurden alle Stühle und Tische zur Seite geräumt, so dass eine große freie Fläche in der Mitte der Klasse entstand.

Einstimmung in das Thema

Zur Einstimmung in das Thema wurde ein Sitzkreis um eine große blaue Decke gebildet, unter der viele verschiedene Gegenstände versteckt waren, die zum Thema „Unter dem Meer" passen. Die Schüler wurden eingeladen, nacheinander ins Meer (unter die Decke) abzutauchen und einen Gegenstand aus den Tiefen des Meeres hervorzuholen. Die Schüler zeigten die Gegenstände ihren Mitschülern und gemeinsam wurde erschlossen, welche Dinge „unter dem Meer" zu finden sind.

Dies bildete die Grundlage für das spätere bildhafte Gestalten des Wandbehanges.

Erste Vorbereitungen

Um zu verhindern, dass die später eingesetzten „Wassermengen" sich im Klassenraum verteilen, wurde zunächst eine „Wasserwanne" (siehe Arbeitsplatzbeschreibung, S. 10) vorbereitet. Die Wasserwanne hatte die Größe des Vlieses, das anschließend hineingelegt wurde.

Auslegen der Wolle

Nun begann die eigentliche Arbeit des Tages. Die Schüler setzten sich um das Vlies und legten den Untergrund des Bildes. Dazu wurde Merinowolle in verschiedenen Blau- und Grüntönen in feine Faserbüschel gezupft und kreuz und quer auf das Vlies gelegt. Die Wollflocken lagen so dicht, dass das weiße Vlies im Anschluss nicht mehr zu sehen war. Eine langwierige, aber sehr wichtige Aufgabe an diesem Tag.

Auf „das Meer" wurden nun mit bunter Merinowolle, die in einer großen Auswahl vorhanden war, Motive gelegt.

Fixieren der Wolle

Das fertige Bild wurde mit Noppenfolie bedeckt und vorsichtig angedrückt.

So geschützt konnte der Wandbehang bis zum folgenden Tag in der Klasse liegen bleiben und auf seine Fertigstellung warten.

2. Tag

Befeuchten der Wolle • Anfilzen der Wolle • Walken der Wolle

Am zweiten Tag wurde es nass und die Klasse *fast* in ein Schwimmbad verwandelt.

Nachdem die Schüler den Wandbehang vorsichtig abgedeckt und ihr Werk betrachtet hatten, kam die vorbereitete Seifenlauge ins Spiel.

Befeuchten der Wolle

Die Schüler bekamen mit warmer Seifenlauge gefüllte Sprenkelflaschen und machten damit die Wolle nass. Bei der großen Wollmenge wurde relativ viel Wasser benötigt, um die gesamte Wollfläche zu befeuchten. Deswegen mussten die Töpfe mit Wasser schnell wieder gefüllt und erwärmt werden, damit keine großen „Engpässe in der Wasserversorgung" entstanden.

Anfilzen der Wolle

Die durchnässte Wollfläche wurde im Anschluss wieder mit Folie bedeckt. Nun galt es, die Wolle mit vereinten Kräften zum Filzen zu bringen.

Zuerst musste die Wolle fixiert werden. Dazu bewegten die Schüler sich *vorsichtig* auf der Folienfläche. Laufend, rollend oder mit den Händen drückend.

Als die Wolle bereits leicht angefilzt war, wurde die Folie abgenommen und durch Fliegennetz ersetzt. Nun begannen die Schüler, die Wolle mit ihren Händen zu reiben. Erst vorsichtig, dann immer fester, so lange, bis sich die Wolle gut miteinander verbunden hatte.

Zum Abschluss dieser Phase wurde noch einmal die Noppenfolie aufgelegt und die Schüler konnten wild tobend auf dem Wandbehang tanzen, rollen, krabbeln und springen.

Überschüssiges Wasser wurde immer wieder mit Hilfe von Aufnehmern aus der Wanne entfernt.

Walken des Wandbehangs

Zum Abschluss des Tages wurde der große Wandbehang gewalkt. Hierzu brauchte man viel Kraft, aber es gab zur Belohnung auch viel zu lachen.

Der gut angefilzte Wandbehang wurde von überschüssigem Wasser befreit. Hierzu ist es auch schon mal nötig, dass Lehrerinnen in Unterhosen in die Wasserwanne steigen!

Anschließend wurde der Wandbehang um einen langen Holzpflock gedreht und in ein Bettlaken eingewickelt. Und dann wurde gerollt, gerollt und gerollt.

Am besten verlagert man diese Aktion in einen Nassbereich oder auf den Schulhof, da der Wandbehang noch viel Wasser in sich trägt und beim Walken davon befreit wird.

Ab und zu wurde der Wandbehang wieder ausgewickelt und in eine andere Richtung wieder eingerollt.

Am Ende des Tages konnten die Schüler stolz ihren Wandbehang bestaunen!

Nachdem er getrocknet war, wurde er auf der Rückseite mit Stoffschlaufen versehen und im Schulforum aufgehängt.

Resümee

Ein Projekt, das mit etwas Aufwand verbunden ist, aber für alle Beteiligten ein einmaliges Erlebnis bleibt, und den sozialen Verbund „Klasse“ stärkt.

Zum Nachahmen empfohlen!

Literaturtipps und Internetlinks

Tolle Bücher zum Thema Filzen

Busch, Marlies: Das Filzbuch. Leipzig: Buchverlag für die Frau 2004.

Doll, Christa: Zupfen, walken, formen. Freiburg: Herder 2003.

Fergg, Monika / Fergg, Jürgen: Filzen für Einsteiger: Von der Wolle zum fertigen Objekt. München: Augustus 2000.

Fergg, Monika / Fergg, Jürgen: Filz und Form: Spielerisches Gestalten mit Fläche, Ball und Schnur. Stuttgart: Haupt 1999.

Foldenauer, Henriette K.: Filzen kinderleicht. Rheinfelden: OZ 2004.

Helmhold, Heidi/de Boer, Birgit (Hrsg.): Kunst & Therapie. Schmutzige Technik Filzen in Förderarbeit und Therapie. Zeitschrift zu Fragen der ästhetischen Erziehung. Köln: Richter 2003.

Müller-Wüstemann, Ursula: Filzen, Schmuck & Accessoires. Freiburg: Christophorus 2004.

Paetau Sjöberg, Gunilla: Filzen. Alte Tradition – modernes Handwerk. Stuttgart: Haupt 2001.

Wolk-Gerche, Angelika: Filzen. Uralte Technik neu belebt. Peiting: Wege 1992.

Wolk-Gerche, Angelika: Spielzeug filzen. Stuttgart: Freies Geistesleben 2003.

Informative Internetseiten zum Thema Filzen

- www.wollemond.de
- www.steppenreiter.de
- www.filzlexikon.de
- www.filzrausch.de

Möglichkeiten zum Bestellen von Wolle

- www.dewullstuuv.de
  (Online-Shop)
- www.wollhandwerk.de
  Tel.: 05692/995938
- www.filzrausch.de
  Tel.: 0551/67515
- www. wolf-natur.com
  (Online-Shop)
- www.traub-wolle.de
  Tel.: 07181/70910
- www.die-wollfabrik.de
  Tel.: 02161/603059

Textiles Gestalten und Holzwerken kinderleicht!

Bergedorfer® Kopiervorlagen für Ihren Werkunterricht

Nikolaus

Sabine Labus/Ulrike Löffler

Einfaches Holzwerken in Bildern

ab 4. Klasse
54 Kopiervorlagen, DIN A4
Best.-Nr. **2467**

Klasse Ideen rund ums Holz – einfach nachgebaut! Mit diesen Kopiervorlagen gelingen den Kindern die ersten Werkarbeiten im Handumdrehen.
Anhand der Abbildungen lernen die Schülerinnen und Schüler zunächst die notwendigen Werkzeuge kennen. Schritt für Schritt bauen sie dann nach den **übersichtlichen Zeichnungen** kleine Spiele und Geschenke nach.
Das Angebot ist vor allem für Schülerinnen und Schüler der **Förderschule** gedacht, die noch geringe Kenntnisse im Schriftsprachbereich haben. Es kann aber auch an anderen Schulen eingesetzt werden – überall, wo Kinder selbstständig mit Hilfe unkomplizierter Arbeitsanweisungen arbeiten sollen.
Aus dem Inhalt: Teelicht-Stern, Lokomotive, Nikolaus, Scheibenmikado, Flic-Flac, Solitaire u. v. m.

Laubsägearbeit

Erik Dinges/Heinz-Lothar Worm

Holzbearbeitung

Grundkurs mit Werkzeugkunde
52 Kopiervorlagen, DIN A4
Best.-Nr. **2351**

Die Mappe führt in das für Kinder immer wieder faszinierende Gebiet der Holzbearbeitung ein. Mit **Info- und Arbeitsblättern** werden die Kinder sachkundig mit dem Material und den verschiedenen Werkzeugen vertraut gemacht. Motivierende **Werkaufgaben** laden zu ersten Erprobungen des Gelernten ein.

Rosemarie Schmidt

Jahreszeitliche Textilgestaltung in der Primarstufe

50 Kopiervorlagen, DIN A4
Best.-Nr. **2286**

Textiles Gestalten in der Primarstufe

53 Kopiervorlagen, DIN A4
Best.-Nr. **2083**

Witzige Fingerpuppen, bunte Stoffbilder, originelle Adventskalender und praktische Eierwärmer gestalten die geschickten Kinderhände mit Hilfe dieser Arbeitsblätter leicht und gerne! Vom Fadenlegen über Kleben bis hin zu Applikationen und Patchwork – die Schüler/-innen erlernen **kreative Gestaltungstechniken** und haben viel Spaß am individuellen Gestalten. Auch für fachfremd unterrichtende Lehrkräfte geeignet!

Bestellcoupon

Ja, bitte senden Sie mir/uns mit Rechnung

____ Expl. ______________________________ Best.-Nr. ________

____ Expl. ______________________________ Best.-Nr. ________

____ Expl. ______________________________ Best.-Nr. ________

____ Expl. ______________________________ Best.-Nr. ________

☐ Ja, bitte schicken Sie mir kostenlos Ihren aktuellen Gesamtkatalog zu.

Bestellen Sie bequem direkt bei uns!
Telefon: 0 41 63/81 40 40
Fax: 0 41 63/81 40 50
E-Mail: info@persen.de

Bitte kopieren und einsenden an:

Persen Verlag GmbH
Postfach 2 60
D-21637 Horneburg

Meine Anschrift lautet:

____
Name/Vorname

____
Straße

____
PLZ/Ort

____
E-Mail

____
Datum/Unterschrift

Bergedorfer®

Kopiervorlagen für Ihren Kunstunterricht

Tolle Ideen zu allen Themen und Jahreszeiten!

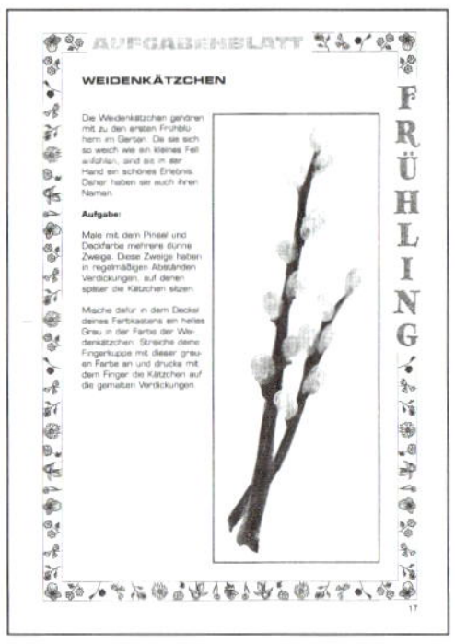

Weidenkätzchen

Peter Sommer

Frühling im Kunstunterricht

40 Kopiervorlagen, DIN A4,
mit Lehrerbegleitheft
Best.-Nr. **2365**

Sonnenstrahlen des Frühlings im Kunstunterricht! Bunte Kieselsteine, farbenfrohe Blüten, Falter, Vögel und andere jahreszeitspezifische Themen werden hier kreativ bearbeitet. Die Begegnung und das Experimentieren mit vielfältigen bildnerischen Techniken stehen im Vordergrund. Besonders geeignet ab der 3. Klasse!

Wie ist Anton wirklich?

Peter Sommer

Gefühle gestalten im Kunstunterricht

40 Kopiervorlagen, DIN A4,
mit Lehrerbegleitheft
Best.-Nr. **2357**

In dieser Mappe finden Sie gestalterische Themen, die sich immer mit Gefühlen beschäftigen. Diese Auseinandersetzung hilft den Kindern Gefühle verbal äußern zu lernen und sich gestalterisch zu öffnen. Dabei lassen sich alle Sinne miteinbeziehen. Die Themen sind so aufgebaut, dass sie ab der 3. Klasse bearbeitet werden können, aber teilweise selbst in der 6. Klasse noch realisierbar sind.

Peter Sommer

Siehst du's?

Sehen und Erkennen im Kunstunterricht
40 Kopiervorlagen, DIN A4,
mit Lehrerbegleitheft Best.-Nr. **2358**

Das Wahrnehmungstraining zum genauen Beobachten im Kunstunterricht steht hier ganz im Vordergrund.
Darüber hinaus werden auch die verschiedenen Techniken der gestalterischen Umsetzung wie Zeichnung, Collage und Frottage erprobt. Ein abwechslungsreicher Streifzug durch die Bereiche Grafik und Malerei, Farbe und Form mit vielseitigen Aufgabenstellungen!

Petra Lange-Weber

Ornamente im Kunstunterricht

58 Kopiervorlagen, DIN A4 Best.-Nr. **2352**

Weihnachtliche Ornamente im Kunstunterricht

54 Kopiervorlagen, DIN A4 Best.-Nr. **2353**

Dekorative Ornamente gestalten die Kinder mit Hilfe dieser Mappen spielend leicht! Die Vorlagen helfen dabei, Regelmäßigkeiten zu erkennen, mit den optischen Möglichkeiten und Formen zu spielen und diese dann eigenständig in Ordnungszusammenhänge zu bringen.
Tolle und leicht umsetzbare Gestaltungsideen für die Vorweihnachtszeit finden Sie in der Mappe **Weihnachtliche Ornamente**. Ob Lebkuchenformen oder Sterne, diese Schmuckelemente zaubern eine schöne Adventsstimmung ins Klassenzimmer!

Persen **Bestellcoupon** Persen

Ja, bitte senden Sie mir/uns mit Rechnung

____ Expl. ______________________ Best.-Nr. ________

____ Expl. ______________________ Best.-Nr. ________

____ Expl. ______________________ Best.-Nr. ________

____ Expl. ______________________ Best.-Nr. ________

☐ Ja, bitte schicken Sie mir kostenlos Ihren aktuellen Gesamtkatalog zu.

Bestellen Sie bequem direkt bei uns!
Telefon: 0 41 63/81 40 40
Fax: 0 41 63/81 40 50
E-Mail: info@persen.de

Bitte kopieren und einsenden an:

Persen Verlag GmbH
Postfach 260
D-21637 Horneburg

Meine Anschrift lautet:

Name/Vorname

Straße

PLZ/Ort

E-Mail

Datum/Unterschrift